SANKT CATHERINE
DAS KLOSTER UND SEIN TERRITORIUM

Alberto Siliotti

Vorwort von S. E. Damianos,
Erzbischof von Sinai

GEODIA EDIZIONI

Texte Alberto Siliotti
Zeichnungen Stefania Cossu, Elisa Martini
Deutsche Übersetzung Katrin Dobrev

Editorische Gestaltung Yvonne Marzoni
Graphik Geodia

ISBN 978 88 87177 79 4

Dar el-Kutub 15583/2008

Inhalt

Luftbild des Katharinenklosters

Moses erhält die Gesetzestafeln

CHRONOLOGIE

305	Martyrium der heiligen Katharina.
313	Mit dem *Edikt von Mailand* gewährt Kaiser Konstantin im gesamten Römischen Reich Glaubensfreiheit. Ende der Christenverfolgung.
330	Errichtung der ersten Kapelle an der traditionellen Stätte des Brennenden Dornbusches, im Auftrag der heiligen Helena, Mutter Konstantins.
363	Besuch des heiligen Julian Saba, der die erste Kapelle auf dem Mosesberg errichtet.
380	Das Christentum wird im Römischen Reich Staatsreligion.
ca. 385	Die spanische Nonne Egeria (Aetheria) pilgert zum Berg Sinai.
395	Gründung des Oströmischen Reiches.
527	Kaiser Justinian besteigt den Thron und reorganisiert das Oströmische bzw. Byzantinische Reich.
548 – 565	Errichtung des Katharinenklosters.
550 – 600	Die Klosterkirche wird mit dem Mosaik der Verklärung dekoriert.
623	Die Mönche entsenden eine Delegation nach Mekka, um den Propheten Mohammed um Schutz zu ersuchen.
641	Eroberung Ägyptens durch die Araber.
726 – 842	Periode des Ikonoklasmus.
1096 – 1291	Zeit der Kreuzzüge.
1101	Baubeginn der Klostermoschee.
1439	Das Konzil von Florenz, der letzte Versuch, die Griechisch-Orthodoxe wieder mit der Römisch-Katholischen Kirche zu vereinigen.
1475	Gabriele Capodilista reist zum Berg Sinai und ins Heilige Land.
1517	Der Sinai wird von den Türken eingenommen. Sultan Selim I gewährt dem Kloster Schutz.
1524	Veröffentlichung des *Trattato di Terra Santa* (Abhandlung über das Heilige Land) von Francesco Suriano, ein Reisehandbuch für Pilger und Händler, mit einer Beschreibung des Katharinenklosters.
1576	Der Diplomat Filippo Pigafetta aus Venetien besucht das Kloster.
1612	Schaffung der Ikonostase in der Basilika der Verklärung durch den kretischen Mönch Maximus.
1738	Der Reverend Richard Pococke besucht das Kloster und veröffentlicht den ersten Grundriss des Geländes.
1798	Napoleonischer Feldzug in Ägypten - Napoleon gewährt dem Kloster Schutz.
1801	Ein Teil der Klostermauer wird im Auftrag von General Kléber restauriert.
1839	Der schottische Künstler David Roberts stellt das Kloster in einer Reihe von herausragenden Lithografien dar.
1859	Entfernen des *Codex Sinaiticus*.
1871	Errichtung des Glockenturms.
1894	Der französische Autor Pierre Loti besucht das Kloster und beschreibt es in seinem Buch *Le désert*.
1934	Wiederaufbau der Kapelle auf dem Gipfel des Gebel Musa.
1952	Errichtung eines neuen Flügels im Kloster.
1966	Das Katharinenkloster feiert sein 1400-jähriges Bestehen.

Das Katharinenkloster, von der Treppe der Vergebung aus gesehen ►

Das Griechisch-Orthodoxe Kloster von St. Catherine am Mount Sinai war Thema vieler Veröffentlichungen, die seine Geschichte, sein spirituelles Erbe und seine Schätze an Ikonen, Manuskripten und anderen sakralen Kunstwerken beschrieben haben. Daneben gibt es eine große Zahl an Reiseführern zum Nutzen der vielen Besucher aus aller Welt, die jetzt zum Kloster kommen. Das Kloster hat diese Publikationen, die so viel dazu beigetragen haben, seine spirituellen und kulturellen Ziele zu voranzubringen, unterstützt.

Das Buch, das Sie in der Hand halten, betrachten wir als eines der besten, die bisher erschienen sind, und empfehlen es all jenen, die eine kurze Zusammenfassung verlässlicher Informationen über das Kloster benötigen, - ob anlässlich eines Besuches, oder für jene, die solch einen Besuch nicht unternehmen können.

Das Buch zeichnet sich hinsichtlich seiner Texte, Illustrationen und dem Design aus.

Unser tief empfundener Segen gilt all jenen, die dieses Buch lesen werden.

DAMIANOS, ERZBISCHOF VON SINAI

Die Region St. Catherine

Die Region St. Catherine, gelegen im Herzen des südlichen Sinai, rühmt sich eines außergewöhnlichen kulturellen und natürlichen Erbes. 1996 wurde sie von der ägyptischen Regierung zum Schutzgebiet erklärt.

Die el-Raha und Malga – Ebenen, St. Catherine City und Wadi el-Deir

Die Region St. Catherine ist ein ausgedehntes Gebirgsdreieck, welches sich im Herzen des südlichen Teils der Sinai-Halbinsel erstreckt, und eine Fläche von 4.300 Quadratkilometern einnimmt. Diese Region ist einzigartig hinsichtlich der Natur, Landschaft und Kultur.

Der Kernbereich dieses Dreiecks gipfelt im *Mt. Catherine*, dem höchsten Punkt Ägyptens (2637 m über dem Meeresspiegel). Hier befindet sich auch einer der wichtigsten heiligen Berge, der einzige, der von drei Religionen verehrt wird: der biblische *Berg Horeb*, jetzt bekannter unter dem arabischen Namen *Gebel Musa* (Mosesberg) – der Ort, an dem Gott sich manifestierte und zum Menschen sprach.

Um die öden felsigen Gipfel herum befinden sich tiefe Täler, Betten uralter ausgetrockneter Flüsse (von den Arabern *Wadi* genannt), kleine üppige Oasen und riesige Hochebenen. Im Gegensatz zu dem, was man in dieser Wüstenregion an der Kreuzung zweier Kontinente erwarten würde, gibt es eine unglaubliche Vielfalt an Bäumen, Büschen und Gräsern, die hier dank der einzigartigen klimatischen Bedingungen existieren

Luftansicht des Wadi el-Arba'in

DIE WELTERBELISTE

Im Juni 2002, während seiner 26. Sitzung, setzte das UNESCO Welterbe - Komitee das Katharinenkloster und das umliegende Gebiet von 601 Quadratkilometern wegen seines außergewöhnlichen historischen, künstlerischen und natürlichen Wertes auf die Liste der Stätten, die Teil des Weltkulturerbes sind. 851 über die Welt verstreute Stätten werden als Teil des Welterbes betrachtet, sechs davon (das Katharinenkloster, die Pyramiden von Giza, das Islamische Kairo, die Tempel und die Nekropolis von Theben und das Wadi Heitan) befinden sich in Ägypten. St. Catherine ist die einzige Stätte, die von allen drei großen monotheistischen Religionen – Christentum, Islam und Judentum- als heilig betrachtet wird.

und gedeihen können. Hier findet man 45 % der Flora Ägyptens: 35 Pflanzenarten sind endemisch, d. h., sie wachsen nur auf dem Sinai, und 29 davon nur in der Region von St. Catherine.

Das St. Catherine-Plateau kann auf zwei verschiedenen Wegen erreicht werden. Der erste beginnt an der Dahab-Nuweiba-Straße, die den Golf von Aqaba entlang führt, während der zweite vom Golf von Suez abgeht, dann die Halbinsel Sinai durchzieht und das große Wadi Feiran durchkreuzt.

Beide Wege laufen an einem Polizeikontrollpunkt

Die beiden Mausoleen des Propheten Aaron (Nabi Harun)

(*Checkpoint*) zusammen, an dem sich auch eine Tanksäule befindet.

Von hier verläuft die Asphaltstraße entlang einem ausgedehnten Tal (***Wadi el-Sheikh***), bis sie an den ***Hügel von Aaron*** (Moses' Bruder) genannten Felsvorsprung kommt, auf dessen Gipfel sich zwei weiße Bauten befinden, die zu Ehren von *Nabi Harun* oder dem ‚Propheten Aaron' errichtet wurden, einer davon ist christlich und der andere muslimisch.

Nicht weit von dem Hügel entfernt, der den Beginn des ***Wadi el-Deir*** (Klostertal) markiert, in dem sich das Katharinenkloster befindet, ist das Besucherzentrum des Schutzgebiets.

Dem Eingang zum Wadi gegenüber ist ein sandiges, leicht ansteigendes Plateau namens ***el-Raha Ebene*** (Rastfläche) – ein Dreieck mit abgelagertem hellem Sand, der im Kontrast zu den umliegenden schwarzen Granitfelsen steht. Diese Ebene war von einem alten Pfad durchzogen, der bis ins 19. Jahrhundert von Pilgern und Reisenden von der Küste des Golfs von Suez genutzt wurde, um nach St. Catherine zu gelangen, nachdem man das Beduinendorf Abu Sila hinter sich gelassen hatte.

Der Überlieferung zufolge hatten die Israeliten hier ein Lager aufgeschlagen und zum ersten Mal den heiligen Berg gesichtet (*Exodus*, 19,1–2). Es war auch die Stelle, an der das berühmte goldene Kalb gegossen und dann durch den empörten Moses zu Pulver zermahlen wurde (*Exodus*, 32, 19–20).

Der Eingang zum Wadi el-Deir

Fast gegenüber dem Hügel von Aaron kann man einen seltsamen Felsen sehen, den die Beduinen *el-Bagara* (das Kalb) nennen, denn die Form erinnert an das in der Bibel erwähnte Tier. Das Wadi el-Deir – dessen östlicher Teil auch als *Wadi Shoeib* oder ‚Tal von Jethro' (benannt nach Moses' Schwiegervater, der seine Herden hier zu weiden pflegte) bekannt ist- wird von vier Massiven

Der kuriose, als ‚goldenes Kalb' bekannte Fels

Die drei massiven Türme des Gebel Safsafa (,Weidengipfel') dominieren die Raha-Ebene

begrenzt: Gebel Deir, Gebel Megafa, Gebel Musa und Ras Safsafa.

Der ***Gebel Deir*** begrenzt das Wadi el-Deir nach Norden hin und wird im Osten vom ***Gebel Megafa*** flankiert, welcher wiederum von der beeindruckenden Masse des ***Gebel Musa*** durch einen Sattel getrennt ist.

In südwestlicher Richtung steht der ***Ras Safsafa*** (,Gipfel der Weiden'), der sich über den el-Raha- und Malga-Ebenen erhebt (wo die kleine Stadt St. Catherine liegt, mit ihrer Moschee, Schulen, Läden, Tanksäule und Verwaltungsgebäuden), und in drei Gipfeln endet, auf deren höchstem ein Kreuz aufgestellt wurde, um der Stätte zu gedenken, an der Moses seinem Volk die Gesetzestafeln zeigte (*Exodus*, 34, 29).

All diese hohen Berge, die für die Landschaft des südlichen Sinai charakteristisch sind, wurden durch die Spannung der Erdkruste geschaffen, die durch die Bewegung und Trennung der asiatischen und afrikanischen Platten entstanden ist. Dieser Prozess ist noch nicht abgeschlossen. Hinzu kamen die vertikalen Schübe in der südlichen Region der Sinai-Halbinsel, die viel stärker waren als im Norden.

Tatsächlich besteht der Südsinai aus einem sehr alten Pluton, oder kristallinem Felskörper (Granit, Granodiorit und Gneis), der aus dem Proterozoischen Zeitalter datiert und ca. eine Million Jahre alt ist.

Es handelt sich um Gesteine, die in großer Tiefe unter der Erdoberfläche geformt wurden, durch die Festigung des Magmas, das -in anderen Perioden- wieder über die Felsen lief und klar geschnittene vertikale Dämme im Wadi Feiran schuf.

In der Region St. Catherine formen diese Dämme einen elliptischen

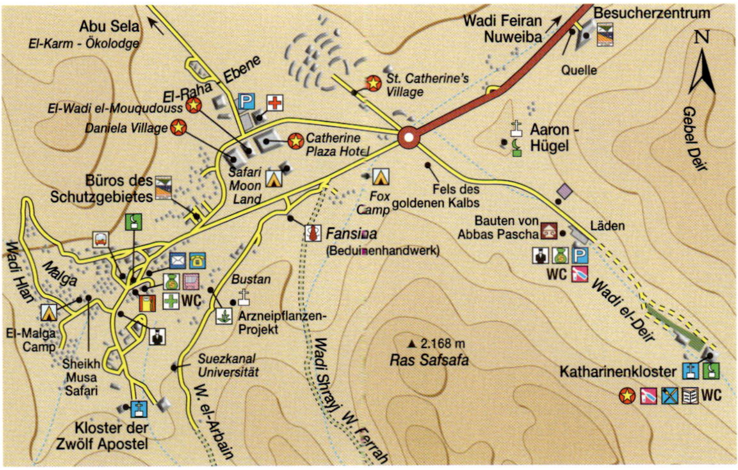

Plan des Städtchens St. Catherine

Ein Andesit-Deich, der den Gneis aus dem Proterozon durchquert

Ringdeich, mit einem maximalen Durchmesser von 27 km in Ost-West-Linie: Sie gehören zu einem gebirgsbildenden Prozess, der vor rund 600 Mio. Jahren unter der Erdoberfläche stattfand; danach kamen sie durch Orogenese über Tage und erodierten.

Ein deutliches Beispiel dieser Episoden magmatischer Einschübe, in welchen das Vulkangestein in die Granitfelsen des kristallinen Grundgesteins aus der Proterozoischen Zeit infiltrierte, kann im ***Gebel Abbas Pascha*** gesehen werden, der in westlicher Richtung an die el-Raha-Ebene grenzt.

Ansicht des Gebel Abbas Pascha

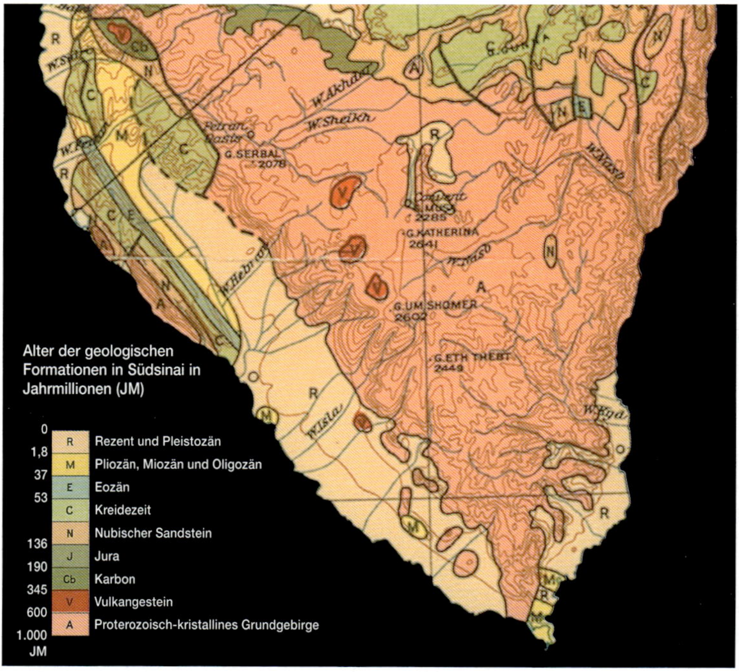

Geologische Karte des südlichen Sinai, von W.F. Hume

ABBAS PASCHA

Abbas I. Pascha, der Nachfolger Mohammed Alis, regierte Ägypten von 1849-1854. Er war ein zurückhaltender und einsamer Mensch, litt an Tuberkulose und war immer auf der Suche nach abgeschiedenen Orten mit reiner Luft-charakteristische Merkmale der St. Catherine -Region, was der Grund war für seinen Entschluss, sich hier niederzulassen. Nach der Erweiterung des alten Kamelpfades, der St. Catherine mit der Stadt el-Tor an der Küste des Golfes von Suez verband, über Abu Sila, Sheikh Awad und Wadi Hebran, dachte Abbas zuerst daran, einen Palast auf dem Gebel Musa zu errichten. Also ließ er einen Pfad in den Fels hauen, der Sikket el-Bascha *genannt wurde (des Paschas Pfad). Diese Route nehmen die meisten Touristen, um auf den Gipfel zu gelangen. Jedoch entschied er sich am Ende für einen anderen Berg, den Gebel Itlah, welcher in* Gebel Abbas Pascha *umbenannt wurde. Hier befinden sich die Überreste seines Palastes, dessen Bau nach dem verfrühten Tod des Herrschers aufgegeben wurde.*

Abbas Pascha (1813–1854)

Trecking im Schutzgebiet

Die Stadt St. Catherine bildet den Ausgangspunkt der sehr interessanten Exkursionen, die zu Fuß oder auf dem Kamelrücken gemacht werden können. Hier gibt es Tracks, die zum *Gebel Abbas Pascha* führen, zum Kloster der Vierzig Märtyrer im *Wadi el-Arba'in*, auf den Gipfel des *Gebel Catherine*; zum schönen Bergsee, den die Beduinen *Galt el-Azraq* nennen, zum *Wadi Itlah*, von wo man nach dem Passieren des Dorfes Abu Sila zur außergewöhnlichen *El-Karm - Ökolodge* nahe Sheikh Awad gelangt.

All diese Exkursionen, die 1-2 Tage dauern, müssen mit Hilfe eines autorisierten Führers unternommen werden, den man in der Stadt finden kann: im Büro von Sheikh Musa, dem bekannten Organisator von Exkursionen in dieser Region.

Eine Reihe kleiner, vom St. Catherine - Schutzgebiet veröffentlichter Reiseführer (nur auf Englisch) werden lokal verkauft und bieten eine sehr klare und gründliche Beschreibung der meisten dieser Wanderrouten.

TRECKER-CODE

- Respektieren Sie Gebiete von religiöser und historischer Bedeutung sowie die einheimische Kultur und Traditionen der Beduinen.
- - Nehmen Sie Ihren Müll mit zurück, vergraben Sie Ihre Körperausscheidungen und verbrennen Sie Ihr Toilettenpapier.
- - Verunreinigen und verschwenden Sie kein Wasser.

Innerhalb des Schutzgebietes ist es verboten:

- jegliche Gegenstände, einschließlich Steinen, Pflanzen und Tieren, zu entfernen;
- - Vögel und andere Tiere zu stören oder ihnen Schaden zuzufügen, Pflanzen abzuschneiden oder zu entwurzeln;
- - Graffiti zu schreiben, zu malen oder einzuritzen.

IHR BEITRAG MACHT EINEN UNTERSCHIED!

المحميات الطبيعية بمصر
NATIONAL PARKS OF EGYPT

Die Umwelt

Die besondere Lage des St. Catherine –Gebietes und seine klimatischen Bedingungen haben zur Entwicklung einer in ganz Ägypten einzigartigen Flora und Fauna geführt.

Die Wadis in der St. Catherine- Region sind reich an Pflanzen und Gärten

Die natürliche Umwelt oder die *Habitate* im Schutzgebiet unterscheiden sich sehr, und die **Flora**, die sowohl hohe Bäume als auch zahlreiche Büsche umfasst, steht direkt mit der Beschaffenheit des Landes in Beziehung, das durch scharfe Höhen- und somit auch Klimaunterschiede - gekennzeichnet ist.

Für Letzteres sind harte Winter charakteristisch (mit Temperaturen, die einige Grad unter Null sein können), keine extrem heißen Sommer (nicht mehr als 36 °C im August), große Schwankungen in der täglichen Temperatur, und ein durchschnittlicher Jahresniederschlag von nicht mehr als 70 Millimetern.

Im Schutzgebiet gibt es nicht weniger als 710 Pflanzenarten, was mehr als die Hälfte der Gesamtflora Ägyptens (1265 Arten) ausmacht. 115 davon haben besondere Bedeutung als Heilpflanzen und 35 sind endemisch- d. h., sie existieren nur in dieser Region. In den flachen Zonen und an den Enden der Wadis wachsen Akazien (*Acacia raddiana* und *A. tortilis*), auf Arabisch sunt genannt - die meist verbreiteten und wichtigsten Bäume, da sie

Acacia tortilis

Tamariske (Tamarix sp.)

Rosa arabica

Nahrungsquelle für Tiere und Schattenspender für die Beduinen darstellen.

Es gibt auch Pappeln (*Populus nigra italica*), auf Arabisch *sarh* genannt, Walnussbäume (*Juglans regia*) oder *schubak*, Weiden (*Salix sibserrata*) oder *safsafa*, Olivenbäume (*Olea europaea*) oder *zeitun* und Tamarisken (*Tamarix* sp.) oder *tarfa*. Die letztgenannten Bäume (*T. mannifera*) scheiden eine Substanz aus, die vom Menschen genutzt werden kann und die dem im Alten Testament erwähnten Manna entspricht (*Exodus*, 16, 14–31).

Des Weiteren gibt es Zypressen und viele Obstbäume (wie Aprikosen-, Granatapfel- und Feigenbäume), von denen die meisten durch die Mönche angepflanzt werden. Die Büsche, die in den Ebenen, Wadis und in den Bergen wachsen, sind sehr wichtig. Von den bekanntesten sollten die Artemisia (*Artemisia herba-alba* und *A. judaica*), die Fagonia (*Fagonia alba* und *F. mollis*), die Zilla (*Zillaspinosa*), der Ziest (*Stachys aegyptiaca*) und Juncus rigidus erwähnt werden. Die Beduinen nutzen die meisten der o. g. Büsche als Futter für ihr Vieh, in dem Maße, dass der intensive Anbau dieser Pflanzen viele Probleme verursacht hat. Andere wichtige Büsche sind Alkanna (*Alkanna orientalis*), auf Arabisch *lebed* genannt, mit seinen charakteristischen gelben Blüten, Thymian (*Thymus decussatus*) oder *bardaqusch*, Oregano (*Oryganum syriacum*) oder *zaatar*, der in der einheimischen Küche genutzt wird, und der dornige Busch *Crataegus sinaica* oder *zaruur*, der in einer Höhe von über 1400 m ü.d.M. wächst und dessen rote Frucht eine kostbare Nahrungsquelle für viele Vögel darstellt.

Oryganum syriacum

Eine besonders schöne Pflanze ist die Sinai-Rose (*Rosa arabica*), auf Arabisch *ward barri* - eine rare endemische Art, aus deren Frucht die Beduinen Aufgüsse bereiten. Zu den vielen Pflanzen mit Heilwirkung gehört das

Crataegus sinaica

Gazella dorcas

Bilsenkraut (*Hyoscyamus* sp.), das Teil der offiziellen Pharmakopöe geworden ist, und zur Beruhigung von Muskelkrämpfen und zur Behandlung von Asthma genutzt wird.

Die **Fauna** im Schutzgebiet ist reich und mannigfaltig. Zu den Pflanzen fressenden Säugetieren gehört die heute sehr selten gewordene Dorcasgazelle (*Gazella dorcas*), die gern die Wadis frequentiert (vor allem jene, in denen es viele Akazienbäume gibt), und der Steinbock (*Capra ibex nubiana*), der, anders als die Gazelle, die Gebirgszonen und Felsen bevorzugt. Letzteres Tier ist jetzt so selten, dass es als gefährdete Art gilt.

Acomys russatus

Capra ibex nubiana

Ein anderes Pflanzen fressendes Tier ist der Klippschliefer (*Procavia capensis*), der in kleinen Kolonien lebt, von denen eine domestiziert ist und im Wadi el-Arba'in gesehen werden kann.

Von den Nagetieren begegnet man der Wüstenratte (*Acomys russatus*) am einfachsten, die, zusammen mit dem Rotfuchs (*Vulpes vulpes*), das häufigste Säugetier im Schutzgebiet darstellt.

Eine Art, die so gut wie ausgestorben ist, ist der Sinai-Leopard (*Panthera pardus jarvisi*), den die Beduinen *nimr* nennen.

Vulpes vulpes

Er, überlebt' immer noch in einigen Ortsnamen, wie *Hajarit an-Nimr* (Leopard-

Panthera pardus jarvisi

Procavia capensis

Pseudotrapelus sinaitus

Felsen) und *Ain Nimr* (Leopard-Quelle). Die letzten Exemplare dieser Katze auf dem Sinai gab es noch 1950.

Von den Reptilien, die im Schutzgebiet mit 35 Arten repräsentiert sind, sollten der Sinai-Agame (*Pseudotrapelus sinaitus*), der ägyptische Dornschwanz (*Uromastyx aegyptius*), der bis zu 60 cm lang werden

Uromastyx aegyptius

kann, und die Sandrasselotter (*Echis coloratus*), die für Mensch und Tier gefährlich

Carpodacus synoicus

ist, erwähnt werden.

Von der Fauna in dieser Region sind jedoch die Vögel mit über 150 Arten das sichtbarste Element. Der Grund dafür ist, dass neben den ansässigen, die eine Mischung aus afrikanischen und asiatischen Arten darstellen, auch viele Zugvögel auf ihrer Reise nach Afrika oder Europa hier Halt machen.

Der weißgekrönte schwarze Sahara-Steinschmätzer (*Oenanthe leucopyga*) ist einer der typischen Vögel, die in den Wadis leben. Er nistet in Felsspalten und Nischen; und die Beduinen glauben, dass sein Alarmschrei Signal für die Präsenz von Giftschlangen

Oenanthe leucopyga

Alectoris chukar

ist. Der sehr schöne, leuchtend bunte Einödgimpel (*Carpodacus synoicus*) ist ein typischer Vogel im Schutzgebiet und in der Umgebung des Klosters sehr verbreitet.

Er repräsentiert die asiatische Fauna, während der Tristamstar (*Onychognathus tristramii*), eines der Symbole der Sinai- Bergvögel, afrikanischen Ursprungs ist. Er hat einen melodischen Ruf und kann im Klosterumland oder in den Wadis Itlah und Talah leicht gesichtet werden.

Ein typischer Ruf, der hier oft gehört wird, chuck chuck chuck chukaar, und von dem der Name kommt, ist der des Chukarsteinhuhns (*Alectoris chukar*), von den Beduinen *shenaar* genannt: Dieser große Vogel der Fasanenfamilie ist ein ansässiger, hat eher irdische Gewohnheiten, fliegt nur wenn notwendig, und liebt die roten Früchte der zaarur (*Crataegus sinaica*).

Onychognathus tristramii

Die Beduinen Von St. Catherine

Ursprünglich Nachkommen der Familien aus der Walachei, die von Kaiser Justinian zur Arbeit im Kloster hierher gebracht wurden, sind die in St. Catherine lebenden Beduinen jetzt Teil der Tourismusentwicklung in der Region.

Die Jebeleya-Beduinen leben seit mehr als vierzehn Jahrhunderten in der St. Catherine-Region

Heute bewohnen etwa 3000 Beduinen die Region St. Catherine (1998 wurden 1950 gezählt, was einen jährlichen Zuwachs von 4 % darstellt). Sie leben in 24 verschiedenen Dörfern oder Siedlungen.

Wie alle Beduinen des Sinai sind sie in Stämme unterteilt, die sich durch ihren Dialekt und ihre Traditionen unterscheiden. In den Gebieten nordwestlich der St. Catherine-Region gibt es die *Aleiqat*, die aus Syrien stammen, während die *Sawalah* weiter südlich angesiedelt sind. Sie kommen aus dem östlichen Delta, wo sie etwa im 7./8. Jahrhundert n. Chr. gelebt hatten und unterteilen sich in drei Substämme: die *Awarma*, *Qararscha* und *Awlad Said*. Die letztgenannten bewohnen das Land westlich und südwestlich des Klosters sowie die es umgebenden Berge und hatten den Transport von Touristen und Pilgern, die von Kairo zum Kloster kamen, monopolisiert. Die Qararscha leben zumeist im Gebiet des Wadi Feiran und sind größtenteils sesshafte Bauern.

Im 19. Jahrhundert hatten die Aleiqat und die Sawalah auch das Transportmonopol zwischen Kairo und Suez inne. Nach Meinung des berühmten Orientalisten Johann Ludwig Burckhardt (1784-1817), der die Nabatäerstadt Petra und die Tempel von Abu Simbel entdeckte, waren die Sawalah die „Kinder von Salah", ein klarer Hinweis auf *Sheikh Nabi Salah*, einem heiligen Mann, der im ganzen Sinai verehrt

Eine junge Beduinenfrau in der traditionellen Stammestracht ►

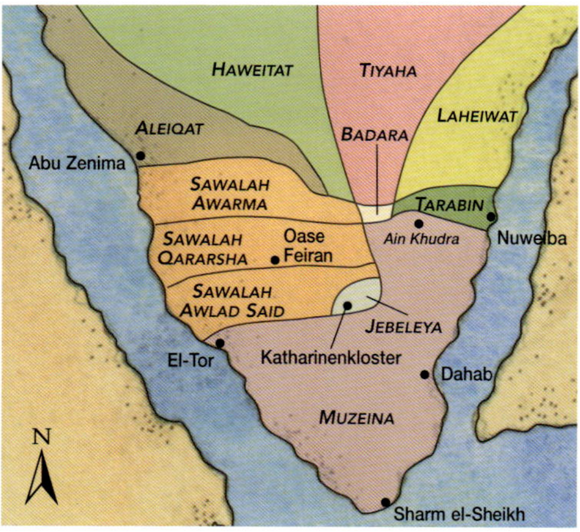

Die Verteilung der Beduinenstämme in Südsinai

wurde, aber der Name ist höchstwahrscheinlich von *Salhiya* abgeleitet, der Ursprungsregion dieses Volkes.

Die *Razazna*, ein Zweig der Awlad Said, arbeiteten in der innerhalb der Klostermauern liegenden Moschee, und ihre Tätigkeit wurde vom Vater auf den Sohn übertragen.

Die *Zeherat*, ein anderer Zweig der Awlad Said, versorgten das Kloster einst mit Kamelen.

Die *Jebeleya*, Nachkommen von Familien, die von Justinian zur Arbeit im Katharinenkloster gebracht wurden, sind wiederum in vier Gruppen geteilt: die *Awlad Salamah*, die *Awlad Gindi*, die *Hamayada* und die *Wahabat*.

Einige von ihnen leben in der Nähe des Klosters, pflegen die Gärten und arbeiten auch als Diener im Kloster selbst.

Alle Jebeleya, einst von den Arabern und den anderen Beduinenstämmen verachtet und *Sebaiyat el-Deir* (Klosterdiener) genannt, betrachten den Erzbischof von

Die Jebeleya haben das Monopol für die Kamelvermietung an Touristen in der Umgebung des Klosters

St. Catherine immer noch als ihren Führer und wenden sich an ihn, um Dispute und Streitigkeiten zu schlichten.

Heute sind die Jebeleya nicht von den anderen Beduinenstämmen zu unterscheiden, und nur die Gesichtszüge einiger weniger Individuen deuten vielleicht auf ihren alten europäischen Ursprung.

Das Territorium, das von den Jebeleya bewohnt wird - dem größten Stamm in der St. Catherine-Region (über 3700 Personen, auf 200 Familiengruppen verteilt, entsprechen über 30 % der Beduinen im Schutzgebiet) - wird im Süden vom Land des Stammes der *Muzeina* begrenzt, der mit 1600 Mitgliedern der zweitwichtigste Stamm ist. Sein ‚Territorium' nimmt den südlichen Teil des Sinai ein, mit dem Küstenstreifen längs des Golfes von Aqaba, und reicht bis nach Nuweiba.

Im Norden und Nordosten sind die Gebiete der *Badara* und der *Tarabin*, die aus Südpalästina kommen und deren Dialekt dem der Aleiqat sehr ähnlich ist.

Fast alle Beduinen im Schutzgebiet von St. Catherine sind inzwischen sesshaft und leben in kleinen Steinhäusern, bebauen ihre Gärten, die in den verschiedenen Wadis verstreut liegen, und führen kleine gewerbliche Unternehmen. Es gibt jedoch immer noch kleine Gruppen, die fern der touristisch entwickelten Gebiete leben, und die ihre traditionelle Lebensweise noch nicht völlig

Eine Jebeleya-Familie vor ihrem Haus

züchten Tiere, die typisch für die Beduinenwirtschaft sind (Ziegen, Schafe und Kamele).

Daneben arbeiten sie entweder im Tourismussektor als Führer, Chauffeure oder bieten andere Dienste an, oder aufgegeben haben.

Sie führen eine halbnomadische Existenz im kleinen Rahmen.

Im Durchschnitt hat jeder Beduine eine oder zwei Frauen und vier oder fünf Kinder.

Eine ältere Beduinenfrau mit typischem Burqu

FANSINA – SINAI-KUNST

Die Beduinenfrauen von St. Catherine haben eine Vereinigung namens Fansina gegründet (was auf Arabisch Kunst des Sinai *bedeutet), um die Herstellung und den Verkauf von typischen Produkten des Beduinenhandwerks, wie bestickte Stoffe, Kleidungsstücke und Kopfbedeckungen, auf effizientere Weise zu organisieren. Über 200 Frauen sind an dieser sehr erfolgreichen Initiative beteiligt.*

Das Besucherzentrum

Das Besucherzentrum des Schutzgebietes, nahe der Mündung zum Wadi el-Deir gelegen, in dem sich das Kloster befindet, stellt alle nötigen Informationen bereit, die ein Besucher braucht, um diese außergewöhnliche Region zu verstehen.

Ansicht des Besucherzentrums des Schutzgebietes, mit lokalem Material im Nabatäer-Stil gebaut

In kurzer Entfernung zum Aaronhügel befindet sich das Besucherzentrum des St. Catherine-Schutzgebietes, eine Gruppe aus sechs Bauten aus lokalem Stein in einem Stil, der an die Architektur der Nabatäer erinnert, im Altertum ein berühmtes Händlervolk, dessen Hauptstadt Petra (im heutigen Jordanien) war, und deren Karawanenrouten zum Roten Meer genau durch diese Region führten.

Das Besucherzentrum, das durch die Europäische Union finanziert und im Jahre 2002 inauguriert wurde, illustriert die Hauptmerkmale des Schutzgebiets: seine Naturgeschichte, Archäologie, Beduinenkultur und natürlich das Katharinenkloster. Jedem dieser Gebiete ist ein Pavillon gewidmet, und Besucher laufen von einem zum anderen in einer festgelegten Reihenfolge.

Die ersten beiden Pavillons dienen als Empfangshalle und für die Präsentation des Schutzgebietes selbst, seiner Gebäude, Aktivitäten und Projekte. Ein großes Modell der Topographie der Halbinsel Sinai mit ihren Bergen und Wadis nimmt das Zentrum

Ein Ranger zeigt eine Tafel im Besucherzentrum

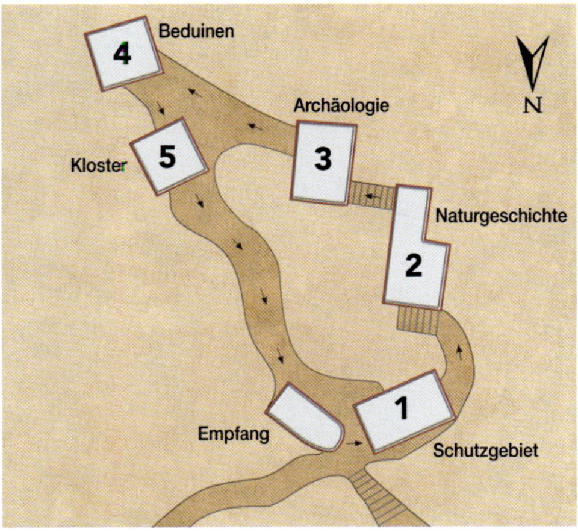

Die Anordnung der Pavillons des Besucherzentrums

der Haupthalle ein, und ein Besuch hier hilft sofort, die verschiedenen und komplexen Ökosysteme zu verstehen, die für diese einzigartige Region, die eine Verbindung zwischen Asien und Afrika darstellt, charakteristisch sind.

Im zweiten Pavillon illustrieren große Tafeln die Flora und Fauna des Schutzgebietes. Sie zeigen nicht nur die offenkundigsten Facetten davon, sondern auch die verborgenen, die der Aufmerksamkeit der meisten Touristen entgehen, so wie die 40 Schmetterlingsarten, einschließlich der endemischen Sinai-Arten *Pseudophilotes sinaicus* und *Satyrium gebelia*, die 1974 entdeckt wurden und ziemlich selten sind.

Man kommt nun in den Archäologie-Pavillon, der besonders interessant ist, weil sich im Sinai einst die wichtigsten Kupfervorkommen im gesamten Nahen Osten befanden. Dieses Metall spielte die Hauptrolle in der Wirtschaft der Bronzezeit.

Die letzten beiden Gebäude informieren über die Beduinen des Schutzgebietes, ihre Kultur und ihr Handwerk, sowie über die lange Geschichte des Katharinenklosters.

Pseudophilotes sinaicus

Ein großes Modell zeigt die Hauptattraktionen des Schutzgebietes

Das Katharinen-kloster

Kaiser Justinian

Das Kloster hat Kunstschätze, die in der Welt einzigartig sind und ist das einzige religiöse Bauwerk in der Welt, das seit über 1400 Jahren in seiner ursprünglichen Funktion besteht.

Katharinenkloster, mit seinen massiven Mauern, von Norden gesehen

Das Katharinenkloster befindet sich in einem Tal am Fuße des Mosesberges, in einer Höhe von 1570 Metern, und wurde von Kaiser Justinian (483-565) gegründet.

St. Helena

Vom vierten Jahrhundert an siedelten sich viele Eremiten, die sich von der heiligen Stätte angezogen fühlten, in der Region an, die auch schon von den ersten Pilgern frequentiert wurde. Für letztere hatte im Jahre 330 St. Helena, Mutter des Kaisers Konstantin, der den Christen im Jahr 313 Glaubensfreiheit gewährte, an der Stätte des biblischen Brennenden Dornbusches am Fuße des Mosesbergs eine Kapelle und einen Turm zum Schutz errichten lassen.

Kaiser Justinian beauftragte den Nabatäer Architekten Stephanos von Aila mit der Bauleitung eines richtigen befestigten Klosters, mit einer großen Basilika, die nahe der

Detail des Aufzugs, der Zugang zum Kloster gewährte

Luftansicht des Katharinenklosters, mit seinen Gärten, dem Beinhaus, Unterkünften sowie Gebäuden für Touristen und Pilger

St. Helena- Kapelle errichtet wurde.

Drei der ursprünglichen Deckenbalken aus dem sechsten Jahrhundert haben geschnitzte Inschriften. Die erste erbittet Gottes Schutz für Kaiser Justinian, woraus wir entnehmen, dass er zu dieser Zeit noch lebte. Die zweite ersucht Gott, der Seele der sehr frommen Kaiserin Theodora, der Gemahlin Justinians, Ruhe zu gewähren, woraus wir erfahren, dass sie verstorben war. Die dritte identifiziert die Basilika als Werk des Stephanos von Aila.

Kaiserin Theodora verstarb im Jahr 548 und Kaiser Justinian im Jahr 565. Wir können die Fertigstellung der Basilika also präzise zwischen diesen beiden Jahren datieren.

Die ältesten Informationen über den Bau des Klosters kommen vom Byzantinischen Historiker Procopius von Caesarea, einem Zeitgenossen Justinians, und vom Bischof Eutychius von Alexandrien, der im 8./9. Jahrhundert gelebt hat.

In seinem Werk *De Aedificiis*, verfasst ca. 560, konstatiert Procopius, dass „der Kaiser am Fuße des Berges eine gefürchtete Festung errichten ließ und dort eine große Garnison Soldaten stationierte, so dass die sarazenischen Barbaren, die durch diese unbewohnte Gegend kamen, nicht länger überraschende Raubzüge in den Dörfern von Palästina unternehmen konnten."

Somit waren die Motive hinter Justinians Klosterbau sowohl militärischer als auch religiöser Natur, und das Kloster war Teil des Verteidigungssystems des Reiches- was die Bedeutung der heute noch stehenden Mauer erklärt.

Die Klosterkirche wurde ‚Basilika der Verklärung' genannt, Bezug nehmend auf das berühmte Mosaik, das die Kuppel der Apsis schmückt. Erst in viel späterer Zeit, im 11. Jahrhundert, wurde das Kloster nach der heiligen Katharina benannt.

Die Architektur des Klosters, das in späteren Perioden mehrmals

Die zentrale Bastei, bekannt als „Klébers Bastion", wurde 1801 von General Jean-Baptiste Kléber im Auftrag Napoleons errichtet

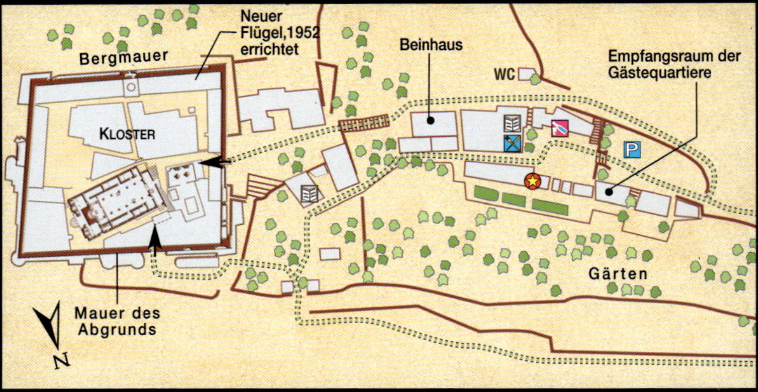
Neuer Flügel, 1952 errichtet
Bergmauer
Kloster
Beinhaus
WC
Empfangsraum der Gästequartiere
Gärten
Mauer des Abgrunds
N

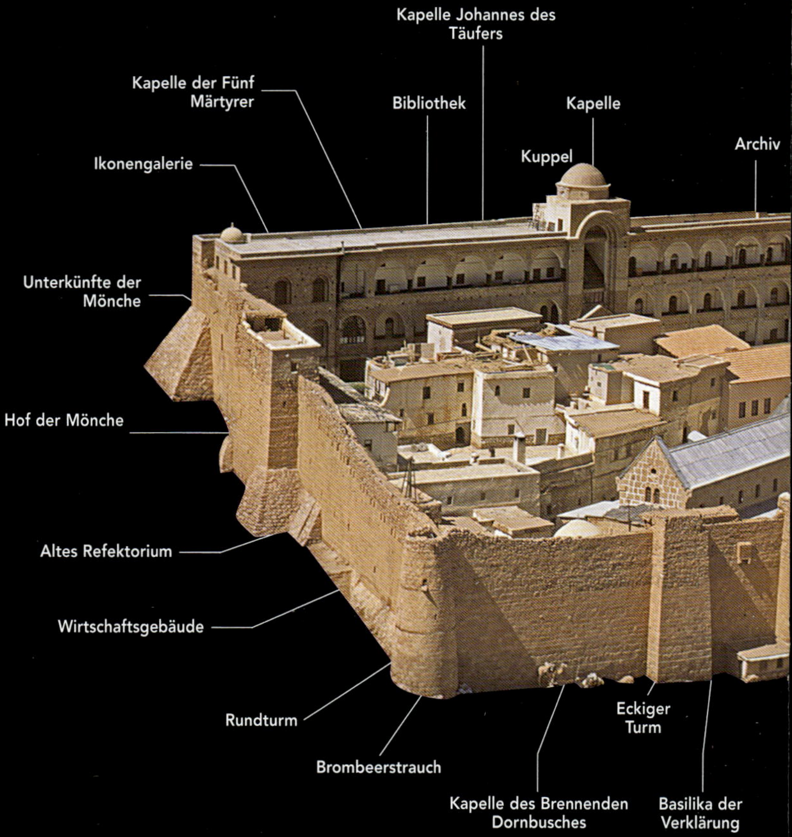
Kapelle Johannes des Täufers
Kapelle der Fünf Märtyrer
Bibliothek
Kapelle
Kuppel
Archiv
Ikonengalerie
Unterkünfte der Mönche
Hof der Mönche
Altes Refektorium
Wirtschaftsgebäude
Rundturm
Brombeerstrauch
Eckiger Turm
Kapelle des Brennenden Dornbusches
Basilika der Verklärung

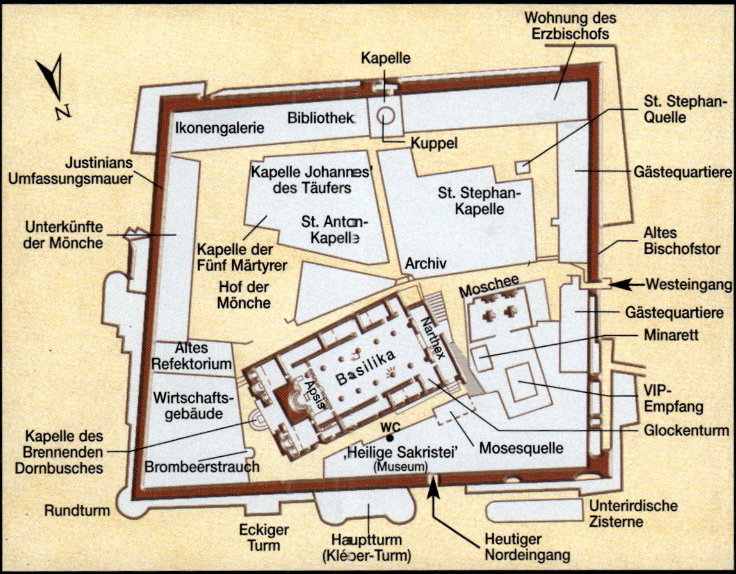
N
Wohnung des Erzbischofs
Kapelle
St. Stephan-Quelle
Bibliothek
Ikonengalerie
Kuppel
Justinians Umfassungsmauer
Kapelle Johannes' des Täufers
Gästequartiere
St. Stephan-Kapelle
St. Anton-Kapelle
Unterkünfte der Mönche
Altes Bischofstor
Kapelle der Fünf Märtyrer
Archiv
Westeingang
Hof der Mönche
Moschee
Gästequartiere
Minarett
Narthex
Altes Refektorium
Basilika
Apsis
VIP-Empfang
Wirtschafts-gebäude
Glockenturm
WC
Kapelle des Brennenden Dornbusches
Mosesquelle
,Heilige Sakristei' (Museum)
Brombeerstrauch
Rundturm
Unterirdische Zisterne
Eckiger Turm
Hauptturm (Kléber-Turm)
Heutiger Nordeingang

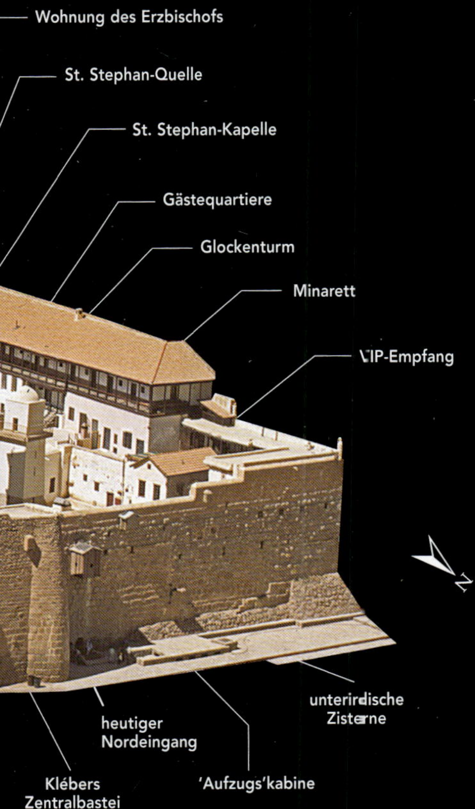
Wohnung des Erzbischofs
St. Stephan-Quelle
St. Stephan-Kapelle
Gästequartiere
Glockenturm
Minarett
VIP-Empfang
N
unterirdische Zisterne
heutiger Nordeingang
Klébers Zentralbastei
'Aufzugs'kabine

Inneres der Vorrichtung, die Zugang zum Kloster bot

erweitet wurde, ist typisch byzantinisch.

Die 316 Meter lange Mauer variiert in Dicke und Höhe, weil sie an die Form des Felsens angepasst werden musste. Daher hat jede Seite eine variable Länge von 70 bis 84 Metern, eine Höhe von 9 bis 18 Metern und eine Dicke von 1,80 bis 2,70 Metern.

Die Mauer an der Nordseite, bekannt als ‚Mauer des Abgrunds', wurde im Jahre 1312 umgebaut, 1798 durch eine Flut zerstört und 1801 von General Kléber auf Anordnung Napoleons wieder aufgebaut.

Kléber ließ auch die zentrale Bastion errichten, die von zwei Türmen flankiert wird (einem Rundturm an der Nordostecke und einem eckigen) und die die Kapelle des hl. Georgs beherbergt. Der heutige Besuchereingang liegt an der Nordseite und ist relativ neu.

Der Rundturm trennt die nördliche von der östlichen Mauer

Die Südmauer, auch als „Bergmauer" bekannt

Eines der Portale aus Holz und Eisen, die den Westeingang schützen

Bis Mitte des 19. Jahrhunderts mussten Mönche, Pilger und Besucher, um ins Klosterinnere zu gelangen, in einem Korb bis zu einer hölzernen Kabine hochgezogen werden, die – auf einer Höhe von ungefähr fünfzehn Metern – noch zu sehen ist und wo sich die Seilwinde befand.

An der Westmauer befand sich einst das Hauptportal, das im Jahre 1772 zugemauert wurde. Es war als *Bab el-Rais* oder Bischofstor bekannt und wurde anlässlich des feierlichen Eintritts der Erzbischöfe genutzt.

Es war von einer Pechnase überragt, die es den Mönchen erlaubte, siedendes Öl auf ihre Angreifer zu gießen.

Flankiert war das Bischofstor von einem zweiten, heute noch genutzten Eingangstor, durch die Soldaten Pfeile auf ihre Angreifer schießen konnten.

Über dem Tor befinden sich arabische und griechische Inschriften, die an die Gründung des Klosters erinnern.

An der Südmauer, auch als ‚Mauer des Berges' bekannt, da sie dem Gebel Musa gegenüberliegt, bemerkt man an den Steinblöcken eine Reihe von Kreuzen und andere in Hochrelief geritzte christliche Symbole.

In der Umfassungsmauer befinden sich eine überkuppelte Kapelle, die Klosterbibliothek, die Ikonengalerie und die Wohnung des Erzbischofs.

Wenn man die Klosterumfassungsmauer

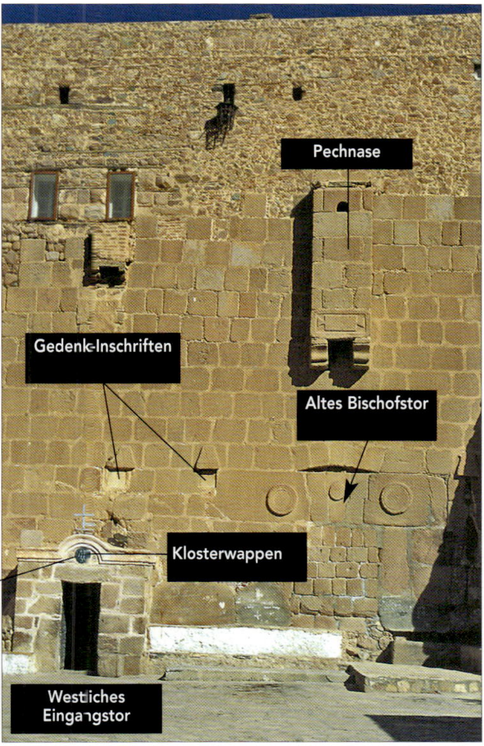

Die Westmauer des Klosters mit dem 1772 vermauerten Bischofstor und der Westeingang

Der so genannte Mosesbrunnen, Hauptquelle für die Wasserversorgung des Klosters

durch den heutigen Eingang auf der Nordseite betreten hat, sieht man den **Mosesbrunnen**, auch ‚Jethros Brunnen' genannt. Hier war Moses nach der biblischen Überlieferung seiner zukünftiger Frau Zipporah begegnet (*Exodus* 2, 16–22).

Sie war eine der sieben Töchter Jethros, des Priesters von Midian, dem weiten Gebiet, das am östlichen Jordanufer begann und auch den Sinai einschloss.

Dieser Brunnen war die Hauptwasserquelle des Klosters, sein Wasser wurde in ein unterirdisches Becken vor der Nordmauer geleitet.

Gleich hinter der Mosesquelle befindet sich ein kleiner offener Platz, der die Basilika umgibt und Zugang ins Innere gewährt, zu den Treppen, die zum Museum (‚Heilige Sakristei', oder ‚Schatzkammer') führen und zum berühmten Brennenden Dornbusch nahe der Apsis.

Der auf der Halbinsel Sinai sehr seltene **Busch** gehört zur Art der *Rubus sanctus* und wurde kurz nach der Errichtung der nahe gelegenen Kapelle des Brennenden Dornbusches hierher gebracht und von einer Schutzmauer umgeben.

Der Brombeerstrauch des Klosters erinnert an den biblischen Brennenden Dornbusch

Dieser enge Raum trennt die nördliche Klostermauer und die Basilika ►

DIE ISRAELITEN, DER EXODUS UND DER BERG SINAI

Die Präsenz der Israeliten (in den alten Texten Apirou *genannt) in Ägypten ist seit der 18. Dynastie, während der Regierung Tutmosis III. (1479-1425 v. Chr.) dokumentiert, obwohl die Ankunft von Stämmen aus Kleinasien bereits im Mittleren Reich (2056-1650 v. Chr.) bezeugt ist. So ist in einer Wandmalerei*

Semitische Bevölkerung, dargestellt im Grab von Khnumhotep in Beni Hassan

Der Klassische Reiseweg Des Exodus

im Grab Khnumhoteps in Beni Hassan eine Prozession von Asiaten an der ägyptischen Grenze dargestellt. Hinweise auf die Israeliten, die meist Schäfer, Steinmetze und -transporteure, Zimmerer und Weinbauern waren, sind sporadisch und unregelmäßig, wie jene im Papyrus Leiden 348 *oder im* Papyrus Harris I. *Wir wissen mit Sicherheit, dass die bedeutendste jüdische Gemeinde in Madian angesiedelt war, einer Region, die sich vom Ostufer des Jordanflusses bis nach* Ezion Gaber, *der heutigen Stadt Eilat am Golf von Aqaba am Roten Meer, erstreckte. Es war eine freie Region, die Handel mit Ägypten betrieb. Altägyptische Quellen erwähnen den Exodus nicht, und es gibt nur ein einziges Dokument mit dem Namen ‚Israel' – eine Stele im Kairoer Ägyptischen Museum, die aus dem 5. Jahr der Regierung von Merenptah (1213-1204 v. Chr.), dem Sohn Ramses II., stammt. Die so genannte Israel-Stele erinnert an den Sieg des Pharaos über die Libyer. Im letzten Teil des Textes steht folgender Satz: ‚Israel ist verlassen, sein Keim existiert nicht mehr.' Einige Anzeichen haben Wissenschaftler glauben lassen, dass Moses Wunder im 13. Jahrhundert v. Chr. stattgefunden haben, während der Zeit Ramses II. (1279-1213 v. Chr.), als die Arbeiten zur Befestigung des Deltagebietes und die Errichtung der künftigen Stadt* Pi-Ramses *voll im Gange waren, oder während der Regierung von dessen Sohn und Nachfolger Merenptah. Gemäß dem Alten Testament ist der*

Die ‚Israel-Stele' im Archäologischen Museum Kairo

Pharao des Exodus in den Wassern des Roten Meeres ertrunken, aber wir wissen mit Sicherheit, dass dieses Schicksal weder Ramses II. noch Merenptah ereilt hat. Die einzig mögliche Erklärung ist, dass die Israeliten nicht durch den Pharao persönlich verfolgt wurden, sondern durch einen seiner Stellvertreter, einen Prinzen oder General, der im biblischen Text als ‚Pharao' bezeichnet wird. Klassischen Quellen zufolge brachen die Israeliten vom östlichen Delta (den Städten Pi-Ramses *oder* Pithom*) auf, gingen in Richtung Sinai, indem sie das* Yam Suf, *das Schilfmeer, durchquerten - ein Ortsname, der irrtümlicherweise als Rotes Meer übersetzt wurde (*Exodus *14) - an einem geographisch unpräzisen Punkt, der entweder der Timsah-See, die Südspitze des Manzala- oder des Bardawil-Sees gewesen sein könnte. Später wanderten sie südwärts bis zum Berg Gottes, der als der heutige Mosesberg identifiziert wurde. Von dort begaben sie sich in Richtung Eilat und wendeten sich dann nach Norden in Richtung* Qadesch Barnea, *welches ihr Hauptquartier für die Eroberung Palästinas wurde. Die bekannteste Route zwischen Ägypten und Palästina führte an der Küste entlang und einige haben sie als alternativen Weg für den Exodus vorgeschlagen. Aber der biblische Bericht selbst erklärt: ‚Gott führte sie nicht auf dem Weg durch das Land der Philister, obwohl es nahe war, denn Gott sagte: Damit die Leute nicht bereuen, wenn sie Krieg sehen, und nach Ägypten zurückkehren. Deshalb ließ Gott das Volk einen Umweg machen, führte es durch die Wüste den Weg zum Roten Meer' (*Exodus *13, 17–18). Sie bogen nach Süden und gingen in die Wüste, trotz der körperlichen Härten, im Einklang mit dem Versprechen, das Gott Moses gab, ‚Wenn du das Volk aus Ägypten herausgeführt hast, sollen sie Gott auf diesem Berg dienen' (*Exodus *3, 12). Die Bibel berichtet, dass die Kinder Israels an einer Ebene gegenüber dem ‚Berg Gottes' ankamen, auch als ‚Berg Horeb' bekannt (wahrscheinlich vom hebräischen Wort* horev, *‚dürr, ausgedörrt'), nachdem sie das Wadi Feiran durchquert hatten (welches in der Bibel als* Rephi-dim *bezeichnet wird).*

Die Stätte Qadesch Barnea *im nördlichen Sinai*

Sie schlugen ihr Lager in der el-Raha-Ebene *(Rastplatz) auf, während Moses den Berg hinaufstieg um die Gesetzestafeln von Gott zu empfangen. Obwohl viel über mögliche Alternativen zur Lokalisierung des Mount Sinai diskutiert wurde, so ist die traditionelle Identifikation des Gebel Musa als Berg der Propheten Moses und Elias älter als das Christentum und wurde von vielen Gelehrten bestätigt.*

Ein Renaissance – Stich vom Durchzug durch das Rote Meer

DAS KLOSTER UND DER ISLAM

*Das Katharinenkloster ist das einzige Kloster weltweit, das innerhalb seiner Mauern eine Moschee beherbergt. Ihr weißes Minarett flankiert den 1871 errichteten Glockenturm. Die Moschee stammt aus der Fatimidenzeit (969-1171) und wurde an der Stelle einer früheren Kapelle, die dem hl. Basilius geweiht war, errichtet, um die Jebeleya-Beduinen mit einem Gotteshaus zu versorgen. Fast alle von ihnen waren bereits im 7. Jahrhundert zum Islam konvertiert, dienten aber weiterhin dem Kloster. Die Moschee wurde zu Beginn des 12. Jahrhunderts während der Regierung des Kalifen Abdel Malik Ibn Marwan errichtet und besitzt eine geschnitzte Holzkanzel (*minbar*) aus dem Jahr 1106, die einzig erhaltene aus dieser Zeit. Heute ist die Moschee nicht öffentlich zugänglich, und öffnet nur zu besonderen Anlässen. Der nahe gelegene Glockenturm hat neun Glocken - ein Geschenk des russischen Zaren Alexander II (1818-1881). Sie läuten nur zur Sonntagsliturgie und an wichtigen religiösen Feiertagen. In vielen muslimischen Ländern ist der Gebrauch von Glocken verboten, in Ägypten jedoch erlaubt.*

Das Minarett der Klostermoschee und der 1871 errichtete Glockenturm

DIE BEDUINEN DES KLOSTERS

Nach Aussagen der Historiker Prokopius und Eutychius, sowie dem Codex Ar 692, der in der Bibliothek des Katharinenklosters aufbewahrt wird, entschied Kaiser Justinian nach der Errichtung des Klosters, 'einhundert Mann mit ihren Weibern und Kindern' vom Schwarzen Meer und weitere einhundert Männer aus Ägypten zur Arbeit im Kloster und zum Schutz der Mönche in den Sinai zu entsenden.
Waren dies Soldaten aus den Garnisonen, wie Prokopius behauptet, oder waren sie Diener der Mönche, wie Eutychius meint?
Wahrscheinlich waren sie beides. Fakt ist, dass diese ‚Ausländer', die später Jebeleya (Männer der Berge) genannt wurden, einen eigenen Volksstamm bildeten und perfekt in die neue Umgebung passten. Sie kümmerten sich um die Kultivierung des Klosterlandes, im Austausch gegen Nahrungsmittel und Unterkunft.
Ursprünglich waren die Jebeleya Christen, aber sie konvertierten zum Islam, und gegen Ende des 18. Jahrhunderts gab es keine Christen mehr unter ihnen. Heute unterscheidet sich der Lebensstil der Jebeleya nicht von dem der anderen Beduinenstämme des Sinai. Auch nach vielen Jahrhunderten sind sie ihrer ursprünglichen Verpflichtung treu geblieben, und wir können sie immer noch im Kloster, in den Gärten oder auf den Feldern arbeiten sehen.

Ein Beduine der Jebeleya zeigt den Schlüssel zum Kloster

Ein Beduine der Jebeleya mit dem typischen Kopfputz

PILGER UND BESUCHER

Der Berg Horeb, später Gebel Musa (Mosesberg) genannt, wurde zum bedeutendsten heiligen Berg, einer Pilgerstätte und Ort der Meditation für die ersten Christen, die bereits im 3./4. Jahrhundert kleine monastische Gemeinschaften in der Umgebung gründeten. Der früheste erhaltene Bericht einer Pilgerfahrt zum Katharinenkloster ist der der spanischen Nonne Egeria (oder Aetheria), die den Sinai um das Jahr 385 besuchte und einen detaillierten Bericht über ihre Reise mit dem Titel Peregrinatio Aetheriae *hinterließ, der 1884 in der Arezzo Bibliothek (Italien) entdeckt wurde. Zwei Jahrhunderte später, irgendwann zwischen 560 und 570, besuchte ein weiterer Reisender, Antonio da Piacenza, den Sinai und das Heilige Land, und beschrieb seine Reisen in einem Werk mit dem Titel* Itinerarium Antonini Piacentini. *Die um den heiligen Berg lebende monastische Gemeinschaft wuchs in den folgenden Jahrhunderten weiter an, besonders nachdem Justinian das Kloster errichten ließ, das mehr und mehr Pilger anzog. Trotz der Eroberung des Sinai durch die Araber im Jahre 641 n. Chr. lebten*

Der Pilger Gabriele Capodilista aus Padua

Karte aus dem 18. Jh. mit den biblischen Stätten auf dem Sinai

Katharinenkloster und Berg Sinai auf einer von Fra' Mauro 1460 gezeichneten Weltkarte (Venedig, Biblioteca Marciana)

die Mönche praktisch ungestört weiter im Kloster, da sie durch einen Brief des Propheten Mohammed geschützt wurden, der ihnen ‚Immunität' zusicherte. Eine Kopie dieses Briefes wird im Kloster aufgewahrt, das der Prophet einer Überlieferung zufolge selbst besucht haben soll. Allerdings nahm der Strom der Pilger in den nächsten Jahrhunderten erheblich ab, und setzte sich erst im 11. Jahrhundert, während

Mittelalterlicher Pilger

der Zeit der Kreuzzüge, wieder fort. Im Mittelalter wurde der Gebel Musa, der oft auch Berg Sinai genannt wird, neben Jerusalem und Rom als eine der Hauptpilgerstätten der Christenheit betrachtet. Die ersten ‚Itinerare' erschienen, die eine Kombination aus Reiseführer, Erfahrungsbericht und Erbauungsbuch waren; wie das 1475 vom Paduaner Adligen Gabriele Capodilista verfasste Werk, Nicolò da Poggibonsis Überseebuch *und die* Abhandlung über das Heilige Land *von Francesco Suriano (1524). Auch nach der Eroberung Ägyptens und des Sinais durch die Osmanischen Sultane (1517) erhielt das Kloster eine Schutzgarantie von der Hohen Pforte - durch ein Edikt des Sultans von Konstantinopel, Selim I., ausgestellt im Jahre 1517.*

Die Bedeutung und der Einfluss des Klosters wuchsen auch in dieser schwierigen Zeit, und Ableger wurden nicht nur in Ägypten und Palästina gegründet, sondern auch auf Kreta, in Rumänien und sogar Russland. Während seines ägyptischen Feldzuges (1798-1803) erließ auch Napoleon ein Edikt zum Schutz des Klosters und ordnete Restaurierungsarbeiten an seiner alten Umfassungsmauer an. Besondere Konzessionen wurden dem Katharinenkloster von Mohammed Ali gewährt, der Ägypten von 1805-1848 regierte, und sie wurden von all seinen Nachfolgern respektiert. Heute ist es sehr ungewöhnlich, hier Pilger zu sehen, obwohl sie kommen. Sie wurden durch die steigende Zahl der Touristen ersetzt, die das Kloster besichtigen (über 300.000 jährlich), und es eher als Kuriosität betrachten, oder bestenfalls als interessantes Monument, denn als Vermächtnis menschlicher Spiritualität.

*Türkische Kopie des Immunitätsvertrages des Propheten Mohammed (*Ahtiname*), ausgestellt in der Kloster-Schatzkammer*

Moderner Pilger

DAS KLOSTER IN DER KUNST DAVID ROBERTS UND IN DEN SCHRIFTEN PIERRE LOTIS

David Roberts (1796-1864), ein sehr talentierter schottischer Künstler, kam 1838 in Ägypten an und fuhr den Nil hinauf bis nach Abu Simbel. Dabei zeichnete er die wichtigsten altägyptischen Monumente. Im folgenden Jahr kam er auf seiner Reise ins Heilige Land, in den Libanon und nach Petra durch den Sinai. Am 19. Februar 1839 machte er im Katharinenkloster Halt, welches er mit außergewöhnlichem Können darstellte. Seine Farblithographien gelten als Meisterwerke der Kunst des 19. Jahrhunderts.

Am 1. März 1894 kam auch **Pierre Loti** (1850-1923), einer der berühmtesten französischen Autoren seiner Zeit, auf seinem Weg nach Jerusalem im Katharinenkloster an. Hier einige Passagen aus seiner lebendigen Beschreibung des Klosters:

„Wir erklimmen die Granitfelsen, die vage in Form von Treppenstufen geschnitzt sind, und steigen über eine Reihe von unsicheren Stufen ins Innere dieser Festung, wo bizarre Ansammlungen kleiner Häuser verschmelzen und sich überlappen, bis zu einem langen Balkon mit altersschwachem Gitter. Die fantastischen Dinge sind hier und wirklich vor unseren Augen, unter einem unerbittlichen Licht, angehäuft in unglaublicher Weise, als ob übereinander gestapelt, Perspektive ermangelnd ... die Atmosphäre so rein, und still, als wären sie tot wegen ihres tausendjährigen Alters. Eine Byzantinische Kirche, eine Moschee, einige Häuschen, Kreuzgänge: ein Flechtwerk von Treppenhäusern, Galerien, Bögen, die zu den Abgründen hinunterführen. All das in Miniatur, überlagert im Nichts des Raumes, von ausgezeichneten Mauern umgeben, dreißig Fuß hoch, die sich an den gewaltigen Berg Sinai anklammern. Die lange Veranda, auf die sich unsere Zellen öffnen, ist auch Teil dieser Gruppe altersloser, zerstörter, krüppeliger und verfallener Bauten. Einige, fast zerstört, haben wieder die ursprüngliche Farbe von Granit, andere in Kalk, weiß getüncht, mit einer grellen orientalischen Malerei auf ihrem baufälligen Holz. Das Wenige, was wir vom Himmel sehen können, ist von einem tiefen transparenten Blau, und die Sonne leuchtet herrlich. Und immer dieselbe außergewöhnliche Stille hüllt dieses Klostergespenst ein, dessen Alter sich unter dieser Sonne noch verstärkt. Man fühlt, dass es wirklich hier ist, das Domizil der Einsamkeit, das überall von Wüsten umgeben ist. Ab und zu kommt ein weißhaariger, schwarz gekleideter Mönch mit unsteten

Das Katharinenkloster, von Nordwesten gesehen

Der Künstler David Roberts

Das Innere des Klosters

Bewegungen vorüber, geht die kleinen Treppen in diesem Labyrinth hinauf oder hinab, versinkt dann in der Dunkelheit eines Gewölbes und verschwindet geräuschlos in einer Zelle.

Vor uns öffnen sich die beiden Flügel eines Tores aus Zedernholz, das vor dreizehnhundert Jahren geschnitzt wurde, und wir dringen in die Wunderwerke dieses Ortes ein, der einzigartig in der ganzen Welt ist, ... und der mehr oder weniger so geblieben ist, wie ihn Kaiser Justinian im Jahr 550 erbauen ließ. Zuerst ist man geblendet und verwirrt von der Überfülle an Kronleuchtern und Silberlampen, die von oben herunterhängen und über den Mosaikfußböden eine Art zweites Gewölbe bilden, verschoben, kompliziert, funkelnd. Und dann ist man von dem fast wilden Archaismus dieses Heiligtums erfasst, mehr noch als durch seinen Reichtum. Es ist eine Reliquie aus alter Zeit, außergewöhnlich gut erhalten, man fühlt sich dort in eine naive und großartige

Die Basilika der Verklärung

Vergangenheit eingetaucht, so entlegen und doch gleichzeitig so präsent, dass es den Geist beunruhigt. Die schweren Säulen haben unregelmäßige und halbbarbarische Kapitelle, die Wände sind mit Malereien und byzantinischen Goldauflagen, Marmormosaiken, alten farbigen Tapisserien bedeckt. Das ganze Innere der Kirche ist byzantinisch, fast arabisch, naiv überladen...

Durch eine kleine niedrige Tür dringen wir in einen noch erstaunlicheren Ort ein, wo sich das Tabernakel befindet. Hier ist die Kuppel aus Goldmosaiken, wie in der Hagia Sofia, aber intakt, eine preislose Reliquie, die die umgebende Wüste erhalten hat...".

Der Autor Pierre Loti

Die Basilika der Verklärung

Die Hauptkirche im Kloster, auch als ‚Basilika der Verklärung' oder *Katholikon* bekannt, wurde 548-565 errichtet, nach dem Tod von Theodora (500-548), der Gemahlin Kaiser Justinians, wie in einer Inschrift auf einem Holzbalken im Dachstuhl der Kirche zu sehen ist.

Die vom Architekten Stephanos von Aila errichtete Basilika ist 40 m lang und 20 m breit. Ihr geht ein Narthex oder Vestibül voraus, das dem Kirchenkörper in einem späteren Stadium hinzugefügt wurde. Hier waren bis vor kurzem einige der wichtigsten Ikonen des Klosters zu besichtigen - die einzigen, die die Öffentlichkeit sehen durfte. Nun werden sie in der neuen Ausstellung, der ‚Heiligen Sakristei', gezeigt.

Den Zugang zum Narthex gewährt ein beeindruckendes, 3,5 m hohes Tor aus der Fatimidenzeit (11. Jahrhundert), das ‚Tor der Kreuzfahrer'. Es ist aus Zypressenholz und mit geschnitzten Paneelen mit floralen Motiven verziert. Ihm gegenüber befindet sich ein weiteres großes Portal, aus dem 6. Jahrhundert. Es hat vier hölzerne Flügel und ist ein Meisterwerk byzantinischer Kunst und eines der seltenen aus dieser Periode

*Fassade der Basilika der Verklärung (*Katholikon*) mit vorangehendem Narthex und flankiert vom Glockenturm*

Darstellung der Gott anrufenden hl. Katharina auf dem Gipfel des Gebel Musa

DIE HEILIGE KATHARINA VON ALEXANDRIEN

Der Überlieferung zufolge wurde die hl. Katharina ca. 286 n. Chr. in einer reichen Römischen Familie in Alexandrien geboren. Sie studierte Kunst, Naturwissenschaften und Rhetorik und bekehrte sich danach zum Christentum. Bei den Feierlichkeiten zur Ernennung von Maximus Daia zum Gouverneur von Ägypten und Syrien im Jahre 305 weigerte sich die junge Katharina, den heidnischen Göttern zu opfern und versuchte sogar, den Gouverneur selbst von der Annahme des christlichen Glaubens zu überzeugen. Daraufhin wurde sie zum Tod durch das Rad verurteilt, aber die Vorrichtung brach auf wunderbare Weise zusammen und ließ sie unverletzt. Der Gouverneur ließ sie darauf köpfen. Nach dem Martyrium verschwand ihr Leichnam und wurde von Engeln zum höchsten Gipfel auf dem Sinai getragen, wo einige Mönche ihn später entdeckten. Das Leben der heiligen Katharina wurde im 10. Jahrhundert von Symeon Metaphrastes herausgegeben und ist auch in der Menologie des Byzantinischen Kaisers Basileios II. enthalten, der von 976-1025 herrschte. 1969 wurde ihr Festtag aus dem Römisch-Katholischen Kalender der Heiligen, deren zu gedenken ist, entfernt, wurde jedoch im Jahre 2002 wieder aufgenommen. Im Jahre 1035 wurden einige Reliquien der heiligen Katharina durch Symeon, einen Mönch aus dem Katharinenkloster, nach Rouen (Frankreich) gebracht, als Antwort auf die Frömmigkeit der Herzöge der Normandie, und Rouen wurde zum Zentrum für die Verehrung der Heiligen in ganz Europa.

Die hl. Katharina

Der Leichnam der Heiligen, von Engeln getragen

Detail des mit naturalistischen Motiven dekorierten Holzportals der Basilika

noch erhaltenden Tore.

Es ist etwa so groß wie das vorangehende, fein geschnitzt mit naturalistischen Motiven, und führt zum Hauptschiff. Auf dem Architrav ist eine griechische Inschrift: ‚An diesem Ort sagte der Herr zu Moses: Ich bin der Gott deines Vaters, der Gott Abrahams, der Gott Isaaks und der Gott Jakobs. Ich bin der, der ist. Das ist das Tor des Herrn, die Gerechten werden dort einziehen.' Ursprünglich wurde dieses monumentale Portal nur zu speziellen festlichen Anlässen genutzt, und die Pilger betraten die Kirche durch die beiden Seitentüren, die zu den Seitenschiffen führen.

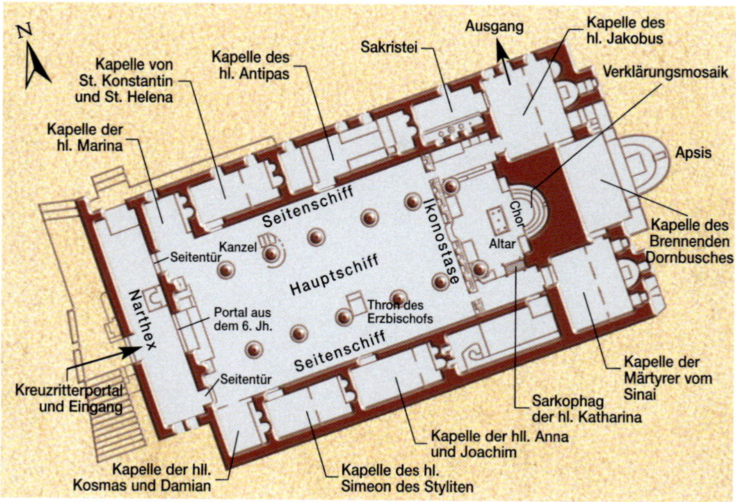

Grundriss der Basilika der Verklärung (Katholikon)

Die Holztür zum Narthex (Vestibül) aus dem 11. Jh. ►

Detail der alten Holztür des Katholikons, *aus der Regierungszeit Justinians*

Die Struktur der Basilika ist klassisch, mit zwei Seitenschiffen und einem Hauptschiff, Überfluss und Reichtum in der Ausstattung, und unzähligen Lampen aus dem 18. Jahrhundert, die von der Decke herabhängen und Besucher immer wieder beeindrucken.

Das Hauptschiff hat im Gegensatz zu den Seitenschiffen eine Apsis und ist von letzteren durch eine Doppelreihe von 6 Säulen getrennt, von denen jede einen Monat des Jahres symbolisiert mit einem kunstvoll geschnitzten Granitkapitell verziert ist.

Die Decke über dem Hauptschiff ist aus grünem Holz, verziert mit goldenen Sternen.

Die Seitenschiffe enden in zwei Kapellen, die die Apsis flankieren.

Die linke davon ist dem hl. Jakobus gewidmet, während die rechte den 40 Märtyrern des Sinai geweiht ist. Beide Kapellen geben Zugang zur Kapelle des Brennenden Dornbusches. An den Wänden der Seitenschiffe sind sechs weitere kleine Kapellen (auf jeder Seite drei). Die auf der linken Seite befindlichen sind den hll. Marina, Konstantin und Helena Antipas gewidmet, die auf der rechten Seite liegenden den hll. Kosmas und Damian, Simeon dem Styliten, Anna und Joachim.

Das Hauptschiff endet mit einer großartigen holzgeschnitzten und vergoldeten Ikonostase mit vier großen Ikonen vom Kreter Künstler Jeremia, die Hauptikonen der Kirche: Christus, die Jungfrau Maria, Johannes der Täufer und die heilige Katharina. Im Zentrum der Ikonostase befindet sich eine zweiflügelige, mit den Bildnissen von Moses und Aaron verzierte Tür, auf der geschrieben steht: ‚Im Monat August 1612 wurde diese freudige Arbeit [Ikonostase] auf Kreta fertig gestellt, unter Laurentius, Erzbischof von Mt. Sinai, und Kosmas von Kreta, Superintendent. Die Arbeit des Mönchs Maximus.'

Hinter der Tür steht man vor dem Hauptaltar, im Zentrum der Apsis, umgeben vom marmornen Chor und überragt von der mit dem Verklärungsmosaik dekorierten Halbkuppel. Zur rechten des Altars steht der Sarkophag mit den Reliquien der hl. Katharina.

Das Hauptschiff des Katholikons *(Basilika der Verklärung), der Hauptkirche im Kloster*

Der hl. Johannes der Täufer als Bote (auf Griechisch 'Engel') des Herrn

Die Heilige Jungfrau Maria und Jesus, umgeben von den Königen David und Salomon und den Propheten Daniel und Jesaja

Darstellung der wichtigsten religiösen Festtage

Kupferkandelaber mit Füßen in Löwenform, hergestellt 1719 in Nürnberg, von Mattheus Bleyl

Eingänge zum Hauptaltar, dekoriert mit Bildnissen von Moses und Aaron

Die hl. Katharina

Christus der Weltenrichter
auf seinem Thron,
umgeben von den Symbolen
der vier Evangelisten

Darstellung der wichtigsten
religiösen Festtage

Der vielfarbige
Marmorfußboden vom
Damaszener Künstler
Nasrallah, 1715

Kupferkandelaber mit Füßen
in Löwenform, hergestellt
1719 in Nürnberg, von
Matthäus Bleyl

Die Kapelle des heiligen Jakobus

Die Ikonostase in der Jakobuskapelle

Die Kapelle des heiligen Jakobus', des ersten Bischofs von Jerusalem, geht der Kapelle des Brennenden Dornbusches voran und besitzt eine Ikonostase von 1459. Darauf dargestellt ist die Jungfrau Maria mit dem Jesuskind auf ihrem Schoß, und der thronende Christus mit den Evangelien in der linken Hand haltend, umgeben von den vier Evangelisten. Die Tür der Ikonostase ist dekoriert mit zwei Bildern des hl. Jakobus' mit dem berühmten Brief an die zwölf Stämme Israels in der Hand haltend, in dem er über den Wert des Gebets, Hoffnung und Barmherzigkeit spricht. Hinter der Ikonostase steht der Altar mit einem geschnitzten und vergoldeten hölzernen Tabernakel und einer kleinen Apsis, dekoriert mit feinen Fresken aus dem 15. Jahrhundert. Darauf dargestellt ist vor einem blauen Grund die Jungfrau des Brennenden Dornbusches, dessen Feuer Symbol der Reinheit und Jungfräulichkeit ist, umgeben von den hll. Johannes Chrysostomos, Basilius, Jakobus und Moses, und überragt von der Figur des Christus.

Altar in der Jakobuskapelle

Die Jungfrau des Brennenden Dornbusches

Die Kapelle des Brennenden Dornbusches

Die Kapelle des Brennenden Dornbusches

Im Allgemeinen gelangen Besucher durch die Jakobuskapelle in die Kapelle des Brennenden Dornbusches. Die Kapelle des Brennenden Dornbusches, dekoriert mit der Verkündigung der Jungfrau, gilt als der heiligste Ort im Kloster, und vor dem Eintreten müssen Besucher ihre Schuhe ausziehen, entsprechend Gottes Gebot an Moses: ‚Zieh deine Schuhe von den Füßen, denn du stehst auf heiligem Boden.' (*Exodus* 3, 5). Die Kapelle wurde an der Stelle errichtet, an der Moses den Busch sah, der brannte ohne von der Flamme verzehrt zu werden (*Exodus* 3, 2–3) und wo die hl. Helena ihre Kirche hat errichten lassen. Egeria, die ca. 385 den Berg Sinai besuchte, schrieb diese schöne Beschreibung der Stätte in ihr Reisetagebuch: „… der brennende Busch

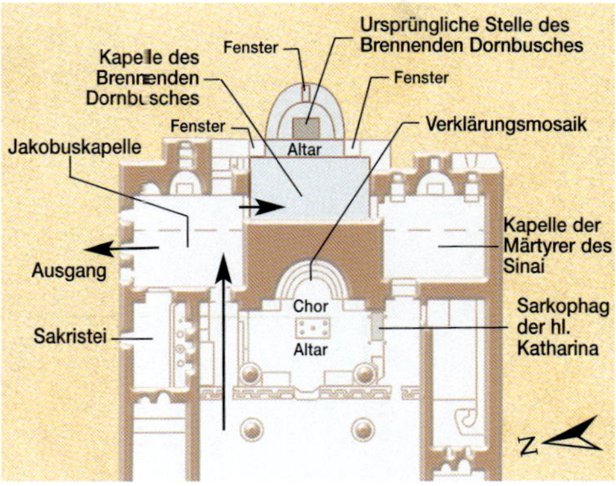

Grundriss des östlichen Teils der Basilika

steht an einem Ort, wo sich zahlreiche Einsiedeleien befinden, und eine Kirche am Ende des Tals. Vor der Kirche ist ein schöner Garten mit einer Quelle, die ausgezeichnetes Wasser im Überfluss hat. In diesem Garten befindet sich der Busch."

Die Kapelle ist ein kleiner rechteckiger Raum von 3 x 5.40 m. Sie ist ziemlich dunkel, weil das Licht nur durch drei kleine Fenster dringt, was der Stätte etwas Mystisches verleiht. Der Altar der Kapelle steht in der Mitte einer kleinen Apsis mit vergoldetem byzantinischem Mosaik, an der Stelle, wo ursprünglich die Wurzeln des brennenden Dornbusches waren, der nach außen, in die Nähe der Kirchenapsis, umgesetzt wurde, wo er noch immer steht.

Die Wände der Kapelle sind mit blauen und hellblauen Fayencekacheln mit geometrischen Motiven bedeckt.

Das Mosaik der Verklärung ist 48 Quadratmeter groß und besteht aus über einer halben Million Mosaiksteinen: kleinen Glaswürfeln, deren Seiten durchschnittlich etwas mehr als einen halben cm lang sind.

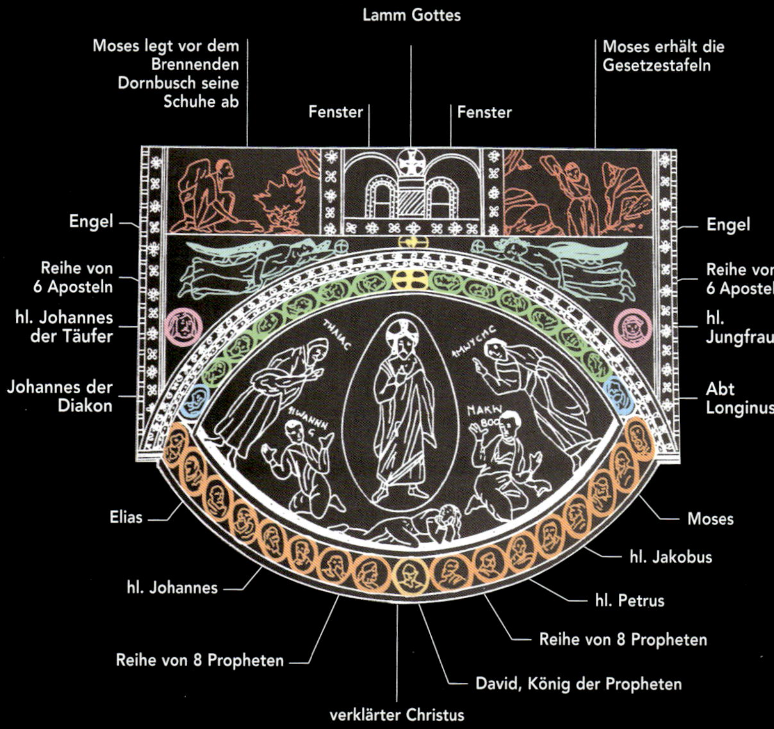

Das Mosaik der Verklärung

Moses und der Apostel Jakobus

Dieses Mosaik, geschaffen von einem unbekannten Künstler der Kaiserlichen Schule von Konstantinopel, ist ein Meisterwerk byzantinischer Kunst. Es stellt die berühmte Episode der Verklärung Christi dar, nach der die Basilika benannt ist.

Wie in den Evangelien von Lukas (9,28-36), Matthäus (17, 1-8) und Markus (9, 2-8) beschrieben, änderte Jesus, nachdem er mit den Aposteln Petrus, Jakobus und Johannes auf den Berg Tabor gestiegen war, sein Angesicht und offenbarte sich ihnen in seiner Glorie, verklärt, wobei er ein außergewöhnliches Licht aussandte, das Symbol der spirituellen Wirklichkeit, die das Leben der Menschen illuminiert. Im Mosaik ist Jesus im Zentrum der Komposition dargestellt, in Weiß und Gold gekleidet, in einer blauen Mandorla, die durch Lichtstrahlen durchbrochen wird. Zu seinen Füßen ist Petrus, flankiert nicht nur von Jakobus und Johannes, sondern auch von Moses und Elias, die das göttliche Gesetz symbolisieren und die Propheten, die sein Kommen angekündigt haben. Die Tausenden von vergoldeten Steinen, die den Grund des Mosaiks formen, wurden so angeordnet, dass sie das spärliche Licht, das durch die Fenster dringt, reflektieren und verstärken, so dass es für jene, die das Werk vom Boden aus betrachten, wahrhaftig strahlt. Die Szene ist oben umrandet von Portraits der Apostel, geteilt in zwei Gruppen von je sechs und getrennt durch ein Medaillon mit der Darstellung des Heiligen

Die besondere Anordnung der Mosaiksteine

Der Prophet Elias und der Apostel Johannes

David, König der Propheten

Moses legt vor dem Brennenden Dornbusch seine Schuhe ab

Das Lamm Gottes

Kreuzes, über dem das Lamm Gottes steht.

Darunter ist die Szene durch eine Reihe von sechzehn Propheten gerahmt, in deren Mitte sich, weiter unten, das Bild von David, dem König der Propheten, befindet.

In den Ecken, zwischen der Reihe der Apostel und der der Propheten, sind zwei Medaillons, die Longinus und den Diakon Johannes darstellen, die Oberen des Klosters in der Zeit, als das Mosaik geschaffen wurde.

Im oberen Teil des Mosaiks (nicht sichtbar für den Betrachter, der in der Achse der Apsis-Wölbung steht), sind Darstellungen von zwei Engeln, die Christus das Zepter und die Weltkugel reichen, und zwei Portraits von Moses, der vor dem Brennenden Dornbusch seine Schuhe ablegt (links) und die Gesetzestafeln empfängt (rechts).

Moses empfängt die Tafeln mit den Gesetzen von Gott

Detail von einem der beiden Engel, die Christus das Zepter und die Weltkugel reichen

Der verklärte, Lichtstrahlen aussendende Christus im Zentrum des Mosaiks

ΠΕΤΡΟϹ

DIE RESTAURATION DES MOSAIKS

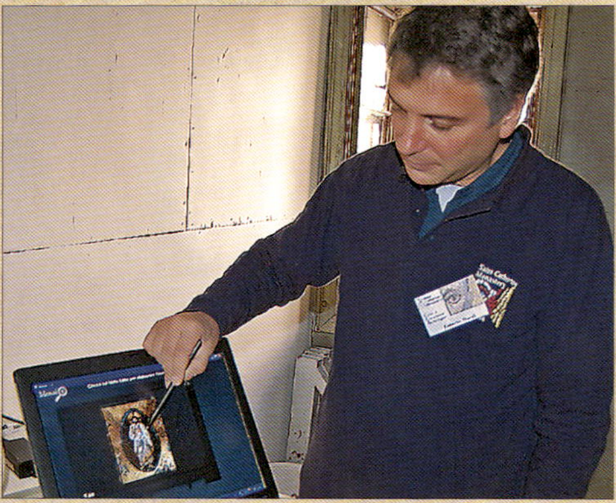

Roberto Nardi zeigt ein Detail des Mosaiks, das mit Hilfe eines speziellen Programms komplett digitalisiert und analysiert wurde

1.400 Lebensjahre haben auf dem sehr delikaten, 46 Quadratmeter großen Verklärungsmosaik ihre Zeichen hinterlassen, und seine Unversehrtheit ist in Gefahr. Wassereinsickerung, Erdbeben, Rauch von den großen Kandelabern und Räuchergefäßen, die seit Jahrhunderten während der Liturgie verwendet werden, haben nicht nur die Haftfähigkeit des Mosaiks an das tragende Gewölbe beeinträchtigt, sondern auch den ursprünglichen Glanz der über 500.000 farbigen Mosaikteilchen aus Glas oder natürlichen Steinen, aus denen es zusammengesetzt ist, getrübt. Die erste Restaurierung, vorgenommen 1847 durch den russischen Mönch Samuel, sowie eine weitere im Jahr 1959 durch ein Team der Universitäten von Michigan und Princeton, unter der Leitung von Ernest Hawkins, sicherten, dass das Mosaik bis heute erhalten blieb. Aber eine sorgfältige Prüfung hat ergeben, dass der Prozess der Ablösung der Mosaiksteine vom Mauerwerk weiter fortgeschritten ist, und dass sich an einer Stelle eine ca. zehn Zentimeter tiefe Aushöhlung gebildet hat. Die Gefahr eines katastrophalen Kollapses war imminent. Um dies zu verhindern und das Überleben dieses byzantinischen Meisterwerkes zu sichern, mussten drastische Maßnahmen ergriffen werden, ein Eingriff, der auch das ursprüngliche Aussehen des Mosaiks wiederherstellen würde. Die im Jahr 2005 begonnene komplexe Operation wurde einem Restauratorenteam des Zentrums für Archäologische Konservation (CCA) in Rom übergeben, unter der Leitung von Roberto Nardi und unter der Aufsicht des ägyptischen Obersten Rates für Altertümer (SCA). Die Arbeit wurde auch dank der finanziellen Unterstützung durch Seine Hoheit Hamad Ben Khalifa al-Thani, Emir von Qatar, möglich. Eine am Kloster erhältliche Veröffentlichung illustriert all die verschiedenen Phasen dieser Restaurierungsarbeiten.

Ein Restaurator injiziert eine fixierende Substanz in das Mosaik

Jede Phase der Restaurierung wird präzise dokumentiert

Die Bibliothek

Aufgrund der Bedeutung ihrer alten Kodizes wird die Klosterbibliothek als zweitwichtigste der Welt betrachtet, nach der Bibliothek des Vatikan-Museums in Rom. Sie ist nicht für die Öffentlichkeit zugänglich.

Die langen Regale enthalten über 7.000 alte Texte

Die Bibliothek liegt im Südost-Sektor des Klosters und bewahrt 3.300 gebundene Manuskripte, verfasst in elf verschiedenen Sprachen (wobei Griechisch – die offizielle Sprache im Kloster - dominiert), und über 7.000 sehr alte Ausgaben gedruckter Bücher auf.

Die sehr wertvollen Manuskripte wurden von den Mönchen selbst hergestellt (d.h. geschrieben oder abgeschrieben), was zur Bedeutsamkeit dieser weltweit einzigartigen Sammlung beiträgt.

Unter der Bibliothek befindet sich die Ikonengalerie mit über 2.000 Ikonen, meist aus der Zeit zwischen dem 10. und 15. Jahrhundert, einige sogar älter.

Viele der Ikonen wurden von den Mönchen des Klosters gemalt, die eine wahre ‚Sinai-Kunst' entwickelten. Einige der wichtigsten wurden kürzlich dem Museum übergeben.

Einer der wertvollsten alten Texte in der Bibliothek

DER CODEX SINAITICUS

Im 19. Jahrhundert unternahm der Bibelgelehrte Konstantin von Tischendorf, geboren 1844 in Legenfeld, Deutschland, eine lange Reise auf der Suche nach alten Manuskripten.
Im Jahr 1844, nach einem längeren Aufenthalt in Italien, begab er sich nach Ägypten und auf den Sinai, um das damals schon berühmte Katharinenkloster zu besichtigen.
Hier sah er 43 Blätter eines Manuskripts der Septuaginta *aus dem 4. Jahrhundert, der griechischen Übersetzung des Alten Testaments.*
Er nahm sie mit, und als er nach Deutschland zurückkehrte, hinterlegte er sie in der Universität von Leipzig unter dem Namen Codex Frederico-Augustanus, *zu Ehren seines Mäzens, dem König von* Preußen, Friedrich Augustus II. *von Sachsen.*
Von Tischendorf unternahm in den Jahren 1853 und 1859 zwei weitere Reisen zum Kloster. Während der letzteren, gesponsert vom russischen Zaren Alexander II, entdeckte er etwas, von dem er vermutlich niemals geträumt hätte: 346 und ein halbes Blatt desselben Manuskripts, welches er 1844 gesehen hatte, in einem ausgezeichneten Erhaltungszustand.
Sie enthielten Bücher des Alten Testaments sowie den vollständigen Text des Neuen Testaments. Einem Bericht dieser Entdeckung zufolge wurde der Codex dem Gelehrten von einigen Mönchen gezeigt, die seine Bedeutung nicht erfassten, während eine andere Version der Episode besagt, dass von Tischendorf das Manuskript in einem Korb voller Papiere gefunden habe, die zum Feueranzünden in den Küchen genutzt wurden- eine Version, die eher fragwürdig ist, wenn man den guten Zustand des Werkes bedenkt.
*Sicher ist, dass der deutsche Gelehrte sofort verstand, dass er eine sehr wichtige Entdeckung gemacht hatte, und tatsächlich enthüllen spätere Studien, dass es sich um die älteste bekannte Kopie des Neuen Testaments und der griechischen Übersetzung des Alten Testaments (*Septuaginta*) handelte, von dem der Codex Frederico-Augustanus nur ein Teil war.*
Von Tischendorf bat um Erlaubnis, das Manuskript zu leihen, um es dem Zaren persönlich zu überbringen, der versprochen hatte, es auf eigene Kosten zu veröffentlichen.
Die Mönche stimmten zu, unter der Bedingung, dass der Codex Sinaiticus *getaufte Codex, sobald die Veröffentlichung erfolgt war, wieder ins Kloster zurückgebracht würde.*
Dies ist jedoch niemals geschehen.
Nach den tragischen Ereignissen am Ende der russischen Monarchie verblieb das Manuskript bis 1933 in der Russischen Nationalbibliothek und wurde dann für 100.000 Pfund Sterling an das BritishMuseum *verkauft, wo es sich bis jetzt befindet.*
Im März 1975 entdeckten die Mönche des Katharinenklosters zufällig einen Raum unter der St. Georgskapelle, in dem sie viele andere Fragmente von Codizes fanden, sowie zwölf neue Seiten des Codex Sinaiticus *aus dem Alten Testament.*

Eine Seite des berühmten und wertvollen Codex Sinaiticus

Konstantin von Tischendorf (1815–1874)

Eine Seite aus einem Pergament-Codex aus dem 11. Jh., St. Gregor von Nazianz darstellend, auch als Gregor der Theologe bekannt, im 4. Jh. Bischof von Konstantinopel

Die Heilige Sakristei

Im ersten Stock des Gebäudes, gegen die Nordwand des Klosters, steht die im Jahr 2001 eingeweihte ‚Heilige Sakristei', in der viele wertvolle Ikonen, prächtige Codizes und Meisterwerke an liturgischen Objekten des Klosters für die Öffentlichkeit ausgestellt werden.

Die Ikonenhalle erlaubt es Besuchern, die berühmtesten Meisterwerke des Klosters zu bewundern

Die wertvollsten und berühmtesten Objekte des Klosters sind jetzt in der so genannten ‚Heiligen Sakristei', oder ‚Schatzkammer', ausgestellt, einem modernen Ausstellungsraum, der mit Unterstützung der *Saint Catherine Foundation*, dem *Metropolitan Museum in New York* und zwei griechischen Stiftungen, der *J.F. Costopoulos Foundation* und der *A.G. Leventis Foundation* geschaffen wurde.

Thema der ersten Halle sind Ikonen, die ein absolut einzigartiges künstlerisches Erbe darstellen. Diese Arbeiten sind nicht nur Verkörperung verfeinerter Kunst, sondern alle auch Kultobjekte, deren Hauptthema das göttliche Mysterium ist, das durch Kunst ausgedrückt wird.

Die zur Heiligen Sakristei führende Treppe

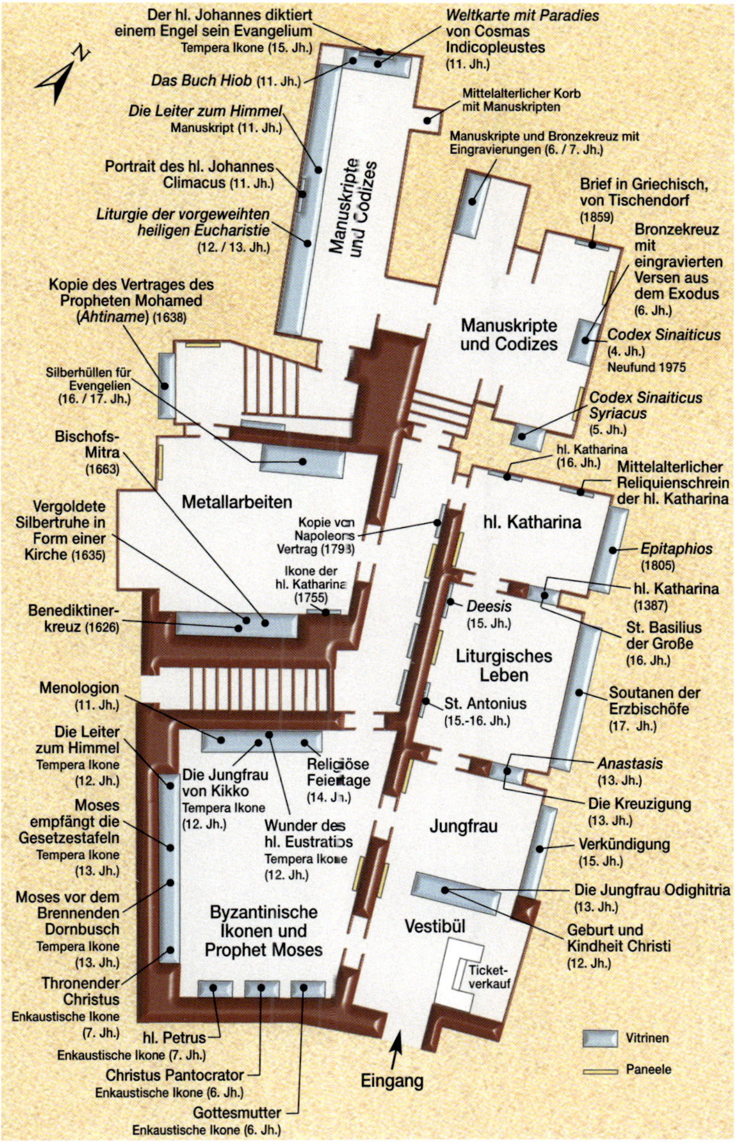

Grundriss der neuen Ausstellung in der Heiligen Sakristei des Klosters

Somit sind Ikonen Bildnisse, die die Präsenz des dargestellten Themas sichern und die ihre Wurzeln im Mysterium der göttlichen Fleischwerdung haben, das im Jahr 787 auf dem VII. Ökumenischen Konzil durch die folgende Deklaration sanktioniert wurde: 'Wer eine Ikone verehrt, verehrt das Urbild, das darin dargestellt ist.' Die Techniken, die zur Ausführung der Ikonen genutzt wurden, gehen in die altägyptische ptolemäische Kunst zurück. Sie erfordern die Vorbereitung einer Holzplatte, auf die eine Schicht weißer Farbe (aus Alabasterpulver und einem *levkas* genannten Leim) aufgetragen wird. Darauf wird die Vorzeichnung ausgeführt.

Der Grund muss dann geglättet und poliert werden und kann mit sehr dünner Goldfolie bedeckt werden. Dann kann der Künstler mit dem Malen beginnen, wobei er nur natürliche Pigmente verwendet und sein Schaffen mit Gebeten begleitet. In den ältesten Ikonen wurden die Pigmente in heißem Wachs gemischt und geschmolzen und in noch heißem Zustand auf die Ikonenfläche aufgetragen (sog. Enkaustik-Technik), später wurde diese Prozedur durch die Tempera-Technik ersetzt.

Wenn die Malerei vollendet und der Name des Themas auf die Ikone aufgetragen war, trug der Künstler Lack auf, was zum Binden der Farben auf der Oberfläche nötig war und somit das Werk konservierte. Der letzte Schritt in der künstlerischen Kreation war die Segnung der Ikone, die ihre heilige Natur sicherte.

Die thronende Muttergottes *(**A**) zwischen St. Theodor und St. Georg. Enkaustische Ikone aus dem 6. Jahrhundert*

Die **erste Halle** der Schatzkammer (Ostwand) hat drei Ikonen zum Thema, die ältesten erhaltenen und wahre Meisterwerke Byzantinischer Kunst.

Sie entstanden im 6. und 7. Jahrhundert, wahrscheinlich in Konstantinopel, in der Technik der Enkaustik, und stellen die *Gottesmutter* (**A**), *Christus Pantokrator* (**B**) und den *hl. Petrus* (**C**) dar. Sie markieren den Übergang von der hellenistischen Malerei, die klassische Schönheit ausdrückt, und dem neuen unterliegenden Konzept in der Schaffung von Ikonen, in der Kunst Ausdruck von Heiligkeit ist.

Die Ikone von *Christus Pantokrator* oder ‚Herr des Universums', der die Evangelien in der linken Hand hält, während er mit der rechten Hand segnet, ist das wichtigste Werk der gesamten Ausstellung und eines der bedeutendsten der byzantinischen Ikonographie; sie verbindet den Realismus des Portraits klassischer Herkunft mit der Spiritualität, die vom Blick des Erlösers ausgeht.

Die drei ältesten Ikonen des Klosters stellen die Muttergottes *(**A**),* Christus Pantokrator *(**B**) und den* hl. Petrus *(**C**) dar.*

Christus Pantokrator *(**B**), eine enkaustische Ikone aus dem 6. Jh., ist die älteste bekannte Ikone mit diesem Thema. Die asymmetrische Darstellung des Gesichtes drückt seine Doppelfunktion als Richter und Erlöser aus.*

Enkaustische Ikone mit Darstellung des hl. Petrus (C), 7. Jh.

Die Ikone des *Apostels Petrus*, gemalt im 7. Jahrhundert in Enkaustik, weist Merkmale auf, die noch enger mit der klassischen Welt verbunden sind, wie der Hintergrund in Perspektive, mit einer Art Portikus, im Zentrum - frontal gesehen - die Figur des Heiligen, und darüber die drei Medaillons mit der Darstellung Christi (Mitte), der Muttergottes (rechts) und Johannes Theologus (links).

Der Apostel, dessen Blick tiefe Spiritualität verkörpert, ist realistisch und konkret dargestellt; er hält die Schlüssel des Königreiches in der linken Hand und einen langen Bischofsstab mit einem Kreuz darüber in der anderen Hand.

Die Südwand in der ersten Halle ist hauptsächlich Moses gewidmet, der auch Thema der zwei großen, in Tempera gemalten, Ikonen aus dem 13. Jahrhundert ist: Auf einer ist der Prophet dargestellt, während er seine Schuhe vor dem Brennenden Dornbusch ablegt, während er auf der anderen die Tafeln mit den Gesetzen Gottes empfängt.

Im großen Schaukasten entlang der Westwand sind vier andere Meisterwerke ausgestellt, gemalt in Tempera, aus dem 12. Jahrhundert- einer Periode, die durch Rückkehr zur Klassik gekennzeichnet ist und das Streben nach klassischer Verfeinerung, in der sich die byzantinische Kunst im ganzen östlichen Mittelmeerraum verbreitete.

In der Mitte der Wand ist eine Ikone, die sog. *Jungfrau von Kikko* (**A**), die – auf einem goldenen Hintergrund- die thronende Jungfrau darstellt, das Christuskind in ihren Armen haltend und überragt von Christus in seiner Herrlichkeit.

Der Erlöser ist von den Symbolen der Evangelisten umgeben, und die gesamte Mittelszene mit Portraits der Propheten und Heiligen gerahmt. Das Meisterwerk byzantinischer Kunst, angefertigt in Konstantinopel, zeigt klar die für das 12. Jahrhundert typische Tendenz, die künstlerische Darstellung mit theologischen oder

Moses legt vor dem Brennenden Dornbusch seine Schuhe ab. Ikone aus dem 13. Jh., Tempera

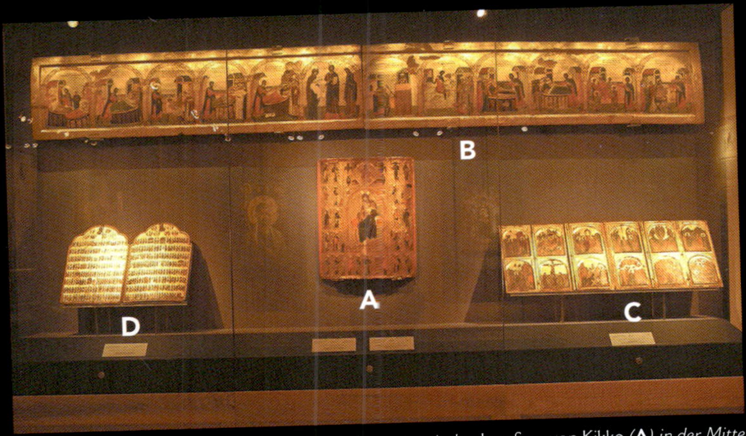

Die Westwand der ersten Halle in der Schatzkammer mit der Jungfrau von Kikko *(**A**) in der Mitte*

liturgischen Elementen zu begleiten, mit dem Ziel, nicht nur die Jungfrau Maria zu verherrlichen, sondern auch die Kirche selbst. Über der *Jungfrau von Kikko* ist die gesamte Vitrine von einer sehr langen, auch im 12. Jahrhundert gemalten Tempera-Ikone (**B**) eingenommen, die die vielen Wunder von *St. Eustratios* darstellt, während eine weitere Ikone (**C**) aus derselben Zeit die zwölf wichtigsten religiösen Feiertage des orthodoxen liturgischen Kalenders darstellt. Ein besonders interessantes Werk ist die so genannte *Menologie* (Ikonen-kalender) (**D**)- eine besondere Art Ikone aus dem 12. Jahrhundert, auf der die Heiligen des liturgischen Kalenders in horizontalen Reihen dargestellt sind, die die Monate repräsentieren.

Menologie *(**D**), Tempera, 11. Jh.*

Diese Menologien mögen die Heiligen eines oder mehrerer Monate illustrieren, oder, wie es auf dieser in der Klosterschatzkammer der Fall ist, das ganze Jahr aufnehmen.

Diese Ikonen hatten im Grunde praktische Zwecke, sie wurden in den Kirchen ausgestellt und regelrecht als liturgische Kalender konsultiert. Die Basilika der Verklärung besitzt solche Menologien. Jede der zwölf Säulen wird von einer Ikone überragt, die die Heiligen für jeden der zwölf Monate des Jahres darstellen.

Jungfrau von Kikko *(**D**), 12. Jh., Tempera*

Ikone (12. Jh.) in Tempera mit goldenem Hintergrund. Die Leiter ins Paradies *(*Klimax tou Paradeiso*) darstellend. Dieses Meisterwerk illustriert die Arbeit des gleichnamigen Mönches und Eremiten St. Johannes Climacus und stellt die spirituelle Reise dar, symbolisiert durch die Leiter, deren Sprossen mit den Tugenden korrespondieren, und auf der die Mönche emporsteigen müssen, um- trotz der vielen Gefahren und Versuchungen, die durch die Teufel symbolisiert sind, die die Mönche ergreifen und von ihrem Aufstieg auf der Suche nach Perfektion herunterziehen.*

Im **Vestibül**, das durch eine große Vitrine in zwei Teile geteilt ist, können Besucher die *Verkündigung* (15. Jh.), die auf eine zweiflüglige Tür gemalt ist, die ursprünglich Teil der Ikonostase war, und zwei Ikonen bewundern.

Die erste dieser beiden letzteren, Tempera aus dem 13. Jahrhundert, stellt die *Jungfrau Odighitria* (‚die den Weg anzeigt') dar. Sie hält einen Arm des Christuskindes hoch, um den Weg zur Wahrheit anzuzeigen. Die zweite, aus dem 12. Jahrhundert, stellt die *Geburt und Kindheit Christi dar*.

Thema des **nächsten Raumes** ist das liturgische Leben mit einer Ausstellung des *Sakkos* des Erzbischofs von Sinai, datierend aus dem 17. Jahrhundert.

Es gibt auch drei Ikonen, die *St. Basilius den Großen* (Tempera, 16. Jh.), der eine Regel für Mönche verfasste, *St. Antonius* (15./16. Jh., Tempera) und eine *Deesis* oder ‚Fürbitte' (15. Jh.) darstellen.

Tür einer Ikonostase (15. Jh.) mit Darstellung der Verkündigung

Der folgende **Raum ist der heiligen Katharina** gewidmet.

Hier gibt es einige Ikonen mit Portraits dieser Heiligen und einen Reliquienschrein, sowie den *Epitaphios*, einen 1805 in Wien gefertigten Wandteppich, der die Bestattung der Heiligen darstellt und den Sarkophag in der Basilika bedeckt hatte.

Der Epitaphios der hl. Katharina (Wiener Wandbehang, 1805)

Der zweite Saal für Manuskripte

Zwei ganze Säle sind **Manuskripten** und **Codices** gewidmet, die zum ersten Mal für die Öffentlichkeit ausgestellt werden. Der erste Saal ist dem wertvollsten Manuskript der Kloster-bibliothek gewidmet, dem *Codex Sinaiticus Syriacus* aus dem 5. Jahrhundert, der die ersten vollständigen Versionen der vier Evangelien enthält. Im gleichen Saal befindet sich auch die Kopie einiger Seiten des *Codex Sinaiticus*, die 1975 zufällig während der Restaurierungsarbeiten am Klèber-Turm gefunden wurden, und ein großes Bronzekreuz aus dem 6. Jahrhundert, mit Versen des Exodus eingraviert.

Zu den interessantesten Manuskripten des Hauptsaals gehören eine Kopie der *Leiter ins Paradies* (*Klimax tou Paradeisou*), aus dem 11. Jahrhundert, das berühmte Werk von St. Johannes Climacus, in welchem dieser Sinai-Eremit aus dem 5. Jahrhundert die verschiedenen Stufen und Kategorien der Tugenden an einer idealen Treppe beschreibt, die ein Mönch ersteigen muss, um igeistige Vollkommenheit zu erlangen: ein wahres spirituelles Handbuch, das enorm erfolgreich war und in viele Sprachen übersetzt wurde. In diesem Saal sind auch einige **liturgische Texte** ausgestellt, darunter die *Liturgie der vorgeweihten heiligen Eucharistie* aus dem 12. / 13. Jahrhundert, eine Weltkarte mit einer Darstellung des Paradieses aus dem 11. Jahrhundert, und die berühmte Abhandlung *Christliche Topographie* von Cosmas Indicopleustes, eines Alexandrinischen Mönches und Geographen griechischen Ursprungs, der im 5. Jahrhundert gelebt und viele Reisen nach Afrika unternommen hatte, besonders in den Orient. Dies war der Grund für seinen Beinamen *indicopleustes*, was im Griechischen ,der Indienfahrer' bedeutet.

Portrait des hl. Johannes Climacus

Weltkarte mit Paradies *(11. Jh.)*

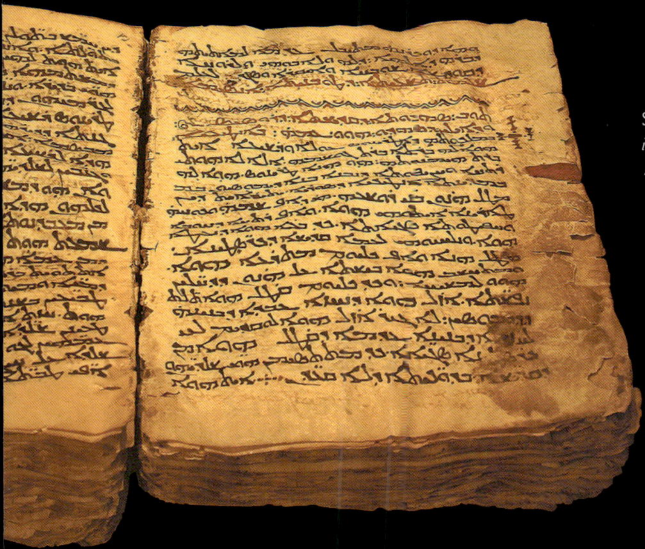

Der Codex Sinaiticus *(5. Jh.) ist das wertvollste Manuskript in der Klosterbibliothek*

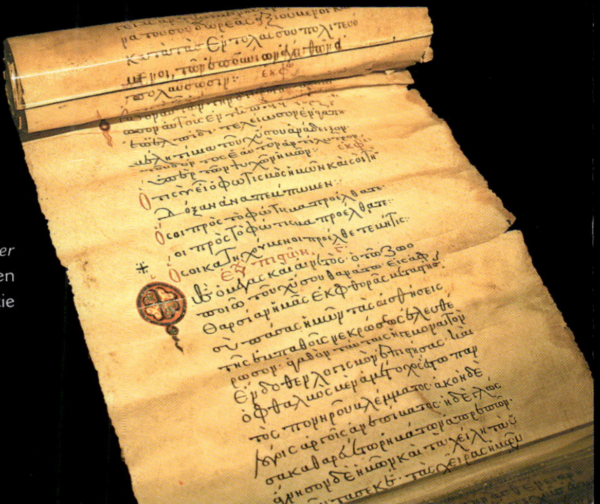

Kodex (12. / 13. Jh.) mit der Liturgie der vorgeweihten heiligen Eucharistie

Diese Vitrine zeigt einige Meisterwerke der liturgischen Objekte des Klosters

Nach dem Durchschreiten eines kleinen Saales mit einer Kopie des berühmten Dokuments *Athiname* (1638), in dem der Prophet 623, im 2. Jahr der Hidschra (Mohammeds Flucht von Mekka), dem Katharinenkloster Schutz und Immunität garantierte, erreicht man den letzten Saal, der einige Meisterwerke an liturgischen Objekten aus Gold und Juwelen enthält.

Einige davon - Geschenke oder Votivgaben- kamen aus den vielen Ablegern des Klosters in Syrien, dem Libanon, Zypern, Kreta, Palästina und sogar Russland. Neben der großen Hauptvitrine ist eine berühmte Ikone aus dem Jahr 1755 mit der Darstellung der hl. Katharina und einigen Szenen aus ihrem Leben.

Tempera-Ikone mit Darstellung der hl. Katharina und Szenen aus ihrem Leben (1755)

Eine Bischofs-Mitra, Geschenk an das Kloster von den Christen von Ioannina, Griechenland, im Jahre 1663

Benediktinerkreuz aus dem Jahr 1626, aus Holz und Silber, mit Türkisen und anderen Edelsteinen, mit geschnitzten Darstellungen der Festtage des liturgischen Jahres

Eine Silbertruhe in Form einer Kirche (1635), Votivgabe des Mönches Anastasius von Griechenland

Das Ossuarium (Beinhaus)

Die zerlegten Überreste der Mönche und Eremiten ruhen in einer nüchternen und kahlen Krypta nahe der Gärten: die Tausenden von Schädeln und Knochen ohne Namen oder irgendwelchen identifizierenden Zeichen erinnern uns an die Vergänglichkeit unseres irdischen Lebens.

Ursprünglich wurden die Mönche auf dem kleinen Klosterfriedhof nahe der Gärten begraben. Der Mangel an Platz erlaubt es jedoch nicht, permanente Gräber für die Mönche anzulegen. Schließlich wurden die Leichen der Mönche nach einigen Jahren wieder exhumiert, zerlegt und dann- nach anatomischen Teilen sortiert - zur Ruhe gelegt, in der Krypta des nahe gelegenen Beinhauses, das eine Kapelle für den heiligen Tryphon beherbergt hatte. Nur die Überreste der Erzbischöfe wurden in kleine Särge oder in Nischen, die in die Wände des Beinhauses gehauen wurden, gelegt.

Das Beinhaus enthält auch die Überreste des heiligen Stephanos, einem Mönch aus dem 6. Jahrhundert, dessen Leben so tugendhaft war, dass er vom hl. Johannes Climacus, einem Abt aus dem 6./7. Jahrhundert, in sein berühmtes Werk *Klimax tou Paradeisou*, oder *Leiter ins Paradies*, aufgenommen worden war- einem der berühmtesten spirituellen Führer durch die Zeit, geschrieben für die Mönche des Katharinenklosters.

Die Überreste der Mönche liegen im Ossuarium

Die Kapelle des hl. Triphonius und das Ossuarium des Klosters

Der noch intakte Körper des Mönches Stephanos, der im 6. Jh. gelebt hatte

Die Überreste des hl. Stephanos, der den größten Teil seines Lebens damit verbracht hatte, am Gebel Musa Pilgern und Sündern die Beichte abzunehmen, sind mit einem schwarzen, goldgeränderten Mantel bedeckt. Auf dem heiligen Mosesberg gibt es ein diesem Heiligen geweihtes Tor, das so genannte ‚Tor der Beichte'. Es befindet sich vor dem ‚Elias-Tor', durch das man zum ‚Amphitheater der Siebzig Ältesten' gelangt.

Die Gärten

Ein grundlegendes Element im Leben und der Wirtschaft des Klosters stellen die alten Gärten dar- eine Miniatur-Oase, deren intensive grüne Farbe in starkem Kontrast zu den Farben der Granitberge steht, die das Katharinenkloster umgeben.

Die Gärten sind von grundlegender Bedeutung im Leben des Klosters

Angegliedert an das Kloster sind die Gärten, die eine kleine Bergoase darstellen, mit Oliven-, Obstbäumen, Palmen, Zypressen und einem kleinen Gemüsegarten. Sie werden von den Jebeleya-Beduinen liebevoll gepflegt und sind dank der reichlichen Wasservorkommen üppig.

Die Existenz eines Gartens nahe der ursprünglichen Kapelle der hl. Helena war – nach dem Bericht der Egeria - schon im 4. Jahrhundert bezeugt, d. h. zwei Jahrhunderte, bevor Justinian das Kloster hatte errichten lassen. Gärten haben immer eine wichtige Rolle im Leben aller Klöster gespielt, besonders in jenen, die fern von Städten gelegen waren, da sie die Mönche mit den meisten Nahrungsmitteln versorgten. Die Mahlzeiten der Mönche bestanden – und bestehen im Falle des Katharinenklosters immer noch- aus einer fast ausschließlich vegetarischen Diät. Ein unterirdischer Tunnel verbindet die Westseite des Klosters mit den Gärten.

Ein kleiner Bereich der Gärten wird auch als Friedhof genutzt.

Gesamtansicht der Klostergärten mit Zypressen, Oliven- und Obstbäumen ►

Die Orthodoxe Kirche des Sinai

Die Mönche des Katharinenklosters gehören der kleinsten Griechisch-Orthodoxen Kirche der Welt an. Sie ist völlig unabhängig von jeglichen anderen religiösen Autoritäten, Oberhaupt ist der Erzbischof des Sinai.

Die meiste Zeit des Tages verbringen Mönche mit verschiedenen manuellen Tätigkeiten

Das Katharinenkloster ist wie eine autonome christliche Kirche strukturiert- d. h. ohne Abhängigkeit von jeglicher Hierarchie- im griechisch-orthodoxen Ritus, der seiner eigenen alten Sinai-Ordensregel folgt.

An der Spitze dieser Kirche - der kleinsten der Kirchen, die der orthodoxen Liturgie folgen- steht der Erzbischof, der den griechischen Namen *Despotes* trägt. Er wird von den älteren Mönchen gewählt und vom Orthodoxen Patriarchen

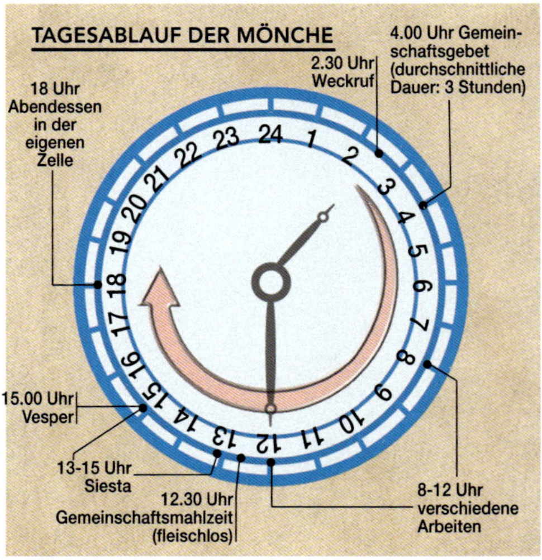

Seine Eminenz Damianos, der derzeitige Erzbischof von Sinai

offiziellen Sprache des Klosters.

Der Erzbischof wird in seiner Funktion vom *Dikaios* unterstützt, der als sein Vikar und Assistent fungiert, sowie durch den *Skevophylax* (Sakristan), den *Oikonomos* oder Verwalter, den Sekretär, den Schatzmeister und den Bibliothekar. Diese von der Bruderschaft gewählten Mönche bilden das Heilige Konzil der Väter, die *Synaxis*.

Seit 1973 steht Seine Eminenz der Erzbischof Damianos der Kirche des Sinai vor.

Ein älterer Mönch in der für das Katharinenkloster typischen Tracht

von Jerusalem geweiht.

Zwei andere kleine Klöster sind an das Katharinenkloster angeschlossen, sie befinden sich in el-Tor, der modernen Verwaltungshauptstadt des Südsinai, die in alter Zeit *Raithou* hieß, und im Wadi Feiran, dem alten *Pharan*.

Der Bischof von Sinai residierte ursprünglich in *Pharan*, im 7. Jahrhundert wurde der Sitz der Diözese jedoch ins Sinai-Kloster verlegt. Die Diözese von Sinai untersteht dem Patriarchen von Jerusalem.

Die Kirche von Sinai, die griechisch-orthodox ist, spaltete sich von der Kirche Roms in einer Reihe von Ereignissen ab, die vom 11. bis zum 13. Jahrhundert währten. Trotzdem hat sie immer gute Beziehungen zu den Christen des Westens unterhalten.

Gegenwärtig leben in dem Kloster, das im Jahre 1338 von gut 200 Mönchen bewohnt war, nur noch 25, es sind fast ausschließlich Griechen.

Alle Gottesdienste werden in griechischer Sprache zelebriert, der

Der Mosesberg

Die Stätte, an der Moses seine Gesetzestafeln empfing, ist für die drei wichtigsten monotheistischen Religionen ein heiliger Berg, ein magischer Ort, der seit mehr als 1.500 Jahren Pilger und eine immer größer werdende Zahl Touristen aus aller Welt anzieht.

Der Gebel Musa oder Mosesberg (von Norden gesehen) und der Kamelrastplatz

Der Aufstieg auf den *Gebel Musa* (Mosesberg), der als biblischer *Mt. Horeb* identifiziert wurde und mit 2.285 m Höhe der zweithöchste Gipfel Ägyptens ist (nach dem *Katharinenberg*), ist einfach unverzichtbar für jeden Besucher des Klosters.

Bis zum Gipfel braucht man etwa 2,5 Stunden, nach einem Aufstieg von 832 m. Es gibt zwei mögliche Routen, die in der letzten Etappe zusammentreffen.

Der Sikket Sayyidna Musa

Die erste Route, der ‚Pfad unseres Herrn Moses' (arabisch: *Sikket Sayyidna Musa*) oder die ‚Treppe der Vergebung', ist der direktere der beiden, und wurde laut Überlieferung von Moses genommen.

Er besteht aus 3.000 steilen Stufen, die im 6. Jahrhundert von einem Mönch in den Fels gehauen wurden, und führt zunächst zum so genannten ‚Elias-Tal', von wo 750 Stufen zum Gipfel führen.

Zuerst geht dieser Pfad um die Südmauer des Klosters herum, und nach einem Aufstieg von ca. 15 min wird man die ersten Stufen sehen. Man lässt ‚Simeons Quelle' rechts liegen und gelangt nach weiteren 20 min zur Kapelle unserer Jungfrau (*Oikonomissa*).

Unmittelbar danach schreitet man durch das ‚Tor der Beichte', wo Pilger ehedem ihre Sünden bekannten und göttliche Vergebung erhielten, bevor

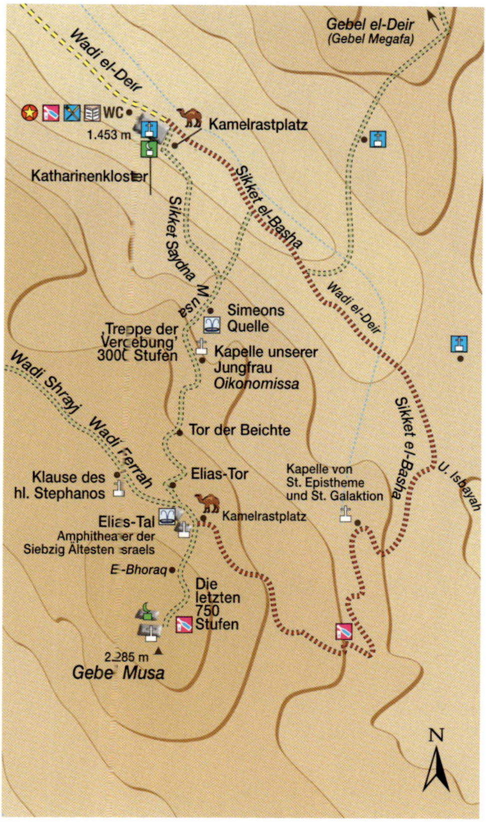

Topographische Karte der Gebel Musa-Region

sie ihren Aufstieg fortsetzen konnten.

Das folgende ‚Tor des Elias' führt zu einer faszinierenden, von Granitfelsen umgebenen Sandebene, die ‚Elias-Tal' genannt wird, oder ‚Amphitheater der Siebzig Ältesten Israels'.

Denn hier war es, dass die siebzig Ältesten Israels den Ort erblickten, wo der Gott Israels stand, wie auf einem Saphir, und sie aßen und tranken in Seiner Gegenwartn (*Exodus*, 24, 1–18).

In dem Amphitheater gibt es - im Schatten von Zypressen und von einer kleinen Mauer umgeben-eine Quelle, und eine Kapelle, die über der Höhle errichtet wurde, in der der Prophet Elias gelebt hatte.

Hinter der Quelle befindet sich ein Byzantinischer Damm, der kürzlich restauriert wurde.

Vom Wasservorkommen und Grün angezogen haben sich viele Vogelarten an diesem Ort angesiedelt, besonders der Einödgimpel (*Carpodacus synoicus*) und der weiß gekrönte Saharasteinschmätzer (*Oenanthe leucopyga*).

Von Elias-Tal führt ein Weg westwärts zum nahe gelegenen Wadi el-Arba'in, mit einer Einsiedlerklause des Mönches Stephanos aus dem 6. Jahrhundert, der sein Leben damit verbrachte, Pilgern und Reisenden die Beichte abzunehmen. Seine sterblichen Überreste werden jetzt im Ossuarium des Klosters aufbewahrt.

Diese Stätte ist auch der Startpunkt des Pfades, der, an einigen Kapellen vorbei, die dem hl. Johannes dem Täufer, St. Anna, St. Panteleimon und der Jungfrau Maria geweiht sind, zum Gipfel des Mt. Safsafa führt.

Geht man in südlicher Richtung den Hauptpfad entlang, muss man einen steilen Anstieg erklimmen und trifft dort auf den anderen möglichen Pfad, den *Sikket el-Basha*: Von hier führen weitere 750 Stufen

Auf dem Kamelrücken passieren Touristen den Sikket el-Basha auf ihrem Weg zum Gipfel des Gebel Musa

Am Tor der Beichte mussten sich Pilger vor dem Aufstieg von ihren Sünden reinigen

Luftansicht vom Gipfel des Gebel Musa

Die den Gebel Musa umgebenden Berge im Licht der Morgendämmerung

Abstieg der Touristen vom Mosesberg nach dem überwältigenden Anblick der Morgendämmerung

DER PROPHET ELIAS

Der Prophet Elias, dessen Leben im ersten Buch der Könige beschrieben ist, war ein Priester des Gottes Abraham. Er diente im 9. Jahrhundert v. Chr. am Hofe des Königs Ahab und vollbrachte sensationelle Wunder. Nachdem er 4450 Propheten des Gottes Baal herausgefordert und getötet hatte, nahm er am Berg Sinai Zuflucht und fuhr dann in einem Feuerwagen zum Himmel auf.

Elias-Tal, auch als das ‚Amphitheater der Siebzig Ältesten von Israel' bekannt

zum Gipfel des Mosesberges.

Etwa 200 m vor dem Gipfel sieht man auf der rechten Seite einen seltsamen Abdruck am Felsen, den die Jebeleya *el-Burâq* nennen und für einen Abdruck des Kamels des Propheten Mohammad halten.

Auf dem Gipfel befinden sich eine kleine Moschee und eine Kapelle.

Die Kapelle, der Heiligen Trinität geweiht, wurde 1934 auf den Ruinen einer größeren Basilika gebaut, die Kaiser Justinian im 6. Jahrhundert errichten ließ, und die wiederum eine Kapelle aus dem 4. Jahrhundert ersetzte, die von Egeria in ihrem Reisejournal erwähnt wurde und von der noch einige Spuren zu sehen sind. Justinians Kirche wurde im 11. Jahrhundert vom Fatimidenkalifen el-Hakim (996-1021) zerstört. Ein Jahrhundert später wurde die Moschee gebaut, unter der sich eine kleine Grotte befindet, die der Krypta von Justinians Basilika entsprechen könnte. An der Südseite der heutigen Kapelle, deren Altar an exakt derselben Stelle stehen soll, an der Moses

Die Kapelle auf dem Gipfel des Gebel Musa

Fassade der Kapelle auf dem Gebel Musa

die Gesetzestafeln erhalten hatte, befindet sich eine Felsspalte, wo der Prophet Zuflucht genommen hatte, als Gott sich ihm in der Gestalt einer Wolke wie ‚verschlingendes Feuer' offenbart hatte (*Exodus*, 24, 15–18).

Sikket a-Basha

Der meist genommene Weg zum Gipfel des Mosesberges ist jedoch der als *Sikket el-Basha* bekannte, seit er im Auftrag des Paschas Abbas I. angelegt worden war. Obwohl er länger ist, ist Sikket el-Basha weniger schwierig als der andere Weg, da der größte Teil davon auf dem Kamelrücken zurückgelegt werden kann.

Dieser Pfad verläuft entlang des Bettes des Wadi el-Deir und windet sich dann hinauf zum Gebel Musa. Nachdem man die Kreuzung mit einem Pfad, der zum *Gebel el-Deir* (Klosterberg, auch *Gebel Megafa*, nach einem kleinen Kloster benannt, das hier steht, führt, passiert hat, kommt man zum Sattel, der das Wadi el-Deir und das Wadi Isbayah trennt.

Letzteres Tal war einst von einer berühmten, von Händlern und Pilgern genutzten Karawanenroute durchzogen, die das Katharinenkloster mit Palästina, dem Hafen el-Tor am Golf von Suez und Kairo verband.

Etwa 600 m nach dem Sattel kommt man an eine scharfe Kurve, von wo man auf dem Berg die Kapelle von St. Episteme und St. Galaktion erkennen kann- einer Nonne und einem Mönch, die im 3. Jahrhundert hier in Meditation und Gebet gelebt hatten.

Von diesem Punkt muss man etwas mehr als einen Kilometer weitergehen, vorbei an einigen kleinen Beduinen-Cafés, bis der Kamelweg endet.

Von hier führt ein enger Pfad über das Elias-Plateau zum letzten Stück des *Sikket Sayyidna Musa*, bis zum Gipfel des heiligen Berges.

DIE STRAHLEN GOTTES

Entlang dieser Route kann man Felsen mit schwärzlichen Eindrücken sehen, die allgemein als Strahlen Gottes bekannt sind. Dem Volksglauben zufolge ist der Ursprung dieser Zeichen das helle göttliche Licht, das die Schatten der Blätter der Pflanzen (und durch Verlängerung, des Brennenden Dornbusches) auf den Stein geprägt hat. In Wirklichkeit sind sie besondere kristalline Formationen, Dendriten genannt, und bestehen aus Pyrolusit, *einem Manganoxid.*

Katharinenberg und Wadi el-Arba'in

Sehr wenige Touristen erklimmen den Katharinenberg, was sehr schade ist, denn die Mühe und Zeit zum Erklimmen des Gipfels werden durch die Großartigkeit und Einsamkeit dieser Stätte reich belohnt.

Blüte der Alkanna orientalis

Gesamtblick auf das Wadi el-Arba'in mit seinem Kloster

Der Aufstieg auf den *Katharinenberg* ist weniger beliebt als der auf den *Gebel Musa*, obwohl der Blick, den man vom Gipfel des ersteren hat, der mit 2.637 m der höchste Punkt in Ägypten ist, mit dem vom Mosesberg gebotenen durchaus vergleichbar ist.

Der Aufstieg, der fünf Stunden in Anspruch nehmen kann, verläuft am Bett des Wadi el-Arba'in entlang, parallel zum Wadi el-Deir. Nachdem man den *Hajar el-Majarlin* passiert hat, einen Fels, zu dem die Jebeleya-Beduinen gehen, um ihre Wünsche vorzubringen, kommt man zu den ersten Gärten, die im Frühling durch die gelben Blüten einer besonderen

Alkanna orientalis

Der so genannte Mosesfels im Wadi el-Arba'in

Buschart, dem *Alkanna*, belebt sind.

Dann gelangt man an den so genannten Mosesfels, wo der Prophet das Wunder vollbracht haben soll, Wasser hervorquellen zu lassen – was auch im Koran erwähnt wird (*Sure* 2, 60).

Nahe dem Felsen ist eine Moses geweihte Kapelle. Etwa 700 m weiter stößt man auf das im 6. Jh. errichtete ‚Kloster der Vierzig Märtyrer' (*Deir el-Arba'in*). Es wurde zum Gedenken an die 40 Soldaten der Römischen Legion errichtet, die zum Christentum konvertiert sind und die im 3. Jh. in Sebaste (Türkei) getötet wurden, weil sie es abgelehnt hatten, die heidnischen Götter zu verehren. Gleich hinter dem Kloster (das nicht für die Öffentlichkeit zugänglich ist), führt ein kleiner Umweg zum Haus des Ramadan Musa Abu Said, einem bekannten Beduinen und Guide, der eine Kolonie

KLIPPSCHLIEFER

Trotz ihres Aussehens, das dem von großen Ratten ähnelt, sind Klippschliefer keine Nager, sondern Pflanzenfresser. Vergleichende anatomische Studien haben gezeigt, dass diese Tiere stammesgeschichtlich mit den Elefanten und Sireniden, großen Meeressäugetieren, verwandt sind. Schliefer leben in Kolonien auf Felsen und die Beduinen glauben, dass ihr Urin, der sehr konzentriert ist, heilende Wirkungen hat.

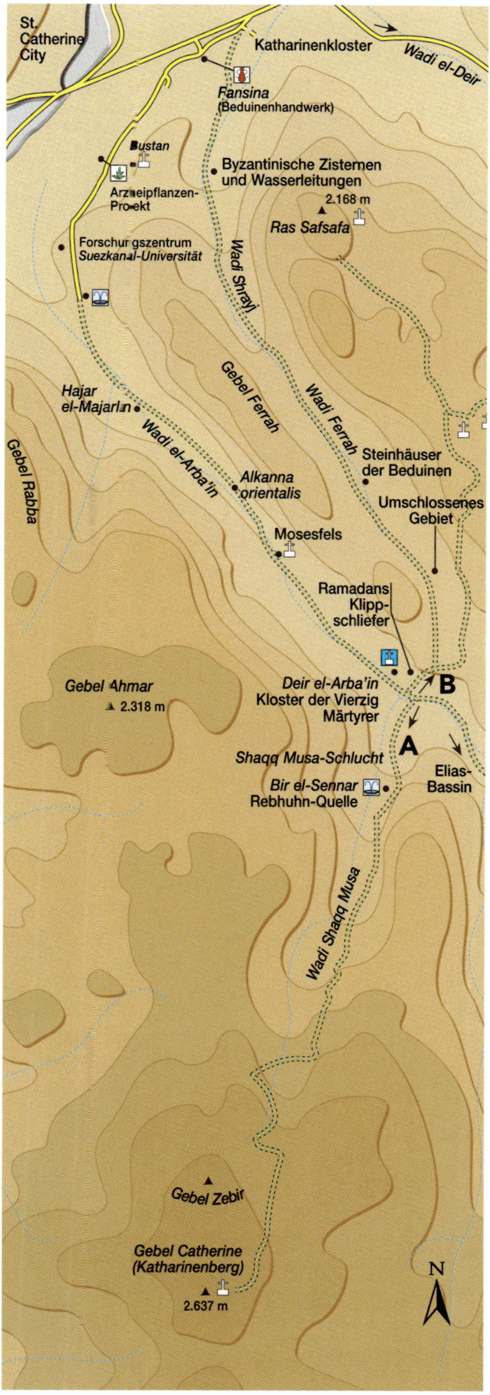

Topographische Karte des Wadi el-Arba'in - Gebiets

Klippschliefer (*Provavia capensis*) gezähmt hat.

Wenn man umkehrt und dann ein paar Hundert Meter weiterläuft, kommt man an eine Kreuzung, wo man, wenn man in südlicher Richtung weiter geht und sich rechts hält, zum Gipfel des Katharinenberges gelangt (Route **A**), nach Norden durch das Wadi Ferrah zurück zur Malga-Ebene (Route **B**), oder südöstlich wieder auf der Höhe des Elias-Tals zum Gebel Musa.

Auf dem Gipfel des Mt. Catherine, dem höchsten Punkt Ägyptens, steht die dieser Heiligen geweihte Kapelle

Route A

Entlang dieser Route führt der Weg vom Wadi weg und windet sich links nach oben. Nach der so genannten *Shaqq Musa-Schlucht* kommt man an eine kleine offene Fläche mit einer Quelle, die *Bir Sennar* (‚Rebhuhn-Quelle'), die auf einer Höhe von 2.000 Metern liegt.

Der Pfad windet sich weiter entlang des Berghanges und schließlich hat man einen Blick auf den Gipfel, der im Winter oft schneebedeckt ist. Angekommen am Sattel, der den Gebel Catherine vom *Gebel Zebir* trennt, führen ein paar Stufen zum Gipfel des ersteren. Eine Kapelle wurde an der Stätte errichtet, wo der Überlieferung nach die Engel den Leichnam der heiligen Katharina ablegten.

Route B

Wenn man links abbiegt und den nach Norden führenden Pfad nimmt, gelangt man ins *Wadi Ferrah*, das auf einer Höhe mit dem Gebel Ferrah mit dem Wadi el-Arba'in zusammenläuft.

Das Wadi verläuft parallel zum Wadi el-Deir, von welchem es durch die Gebirgsmassive Gebel Musa und Ras Safsafa getrennt ist. Geht man das Wadi hinunter, so gelangt man an ein umzäuntes Gebiet, das vom Forschungszentrum der *Suezkanal-Universität* genutzt wird, um die Auswirkungen der Schaf- und Ziegenherden auf die Vegetation zu erforschen, und eine Zuchtmethode für diese Tiere zu entwickeln, die für das empfindliche Ökosystem der Region verträglich ist. Diese sehr wichtige Nahrungsquelle hat während der letzten Jahrzehnte, zusammen mit dem großen Anstieg in der Zahl der Jebeleya von einigen Hundert auf über 4.000, ein alarmierendes Maß an Ausbeutung des Landes ausgelöst.

Nach einer Reihe von Gärten, die von den Beduinen der Ramadan-Familie bewirtschaftet werden, und in denen oft auch kleine Lagerhäuser für landwirtschaftliche Produkte stehen, gelangt man in das *Wadi Shrayj*, das eine Verlängerung des Wadi Ferrah darstellt.

Bei genauer Beobachtung der steilen Wände des Wadis mit starken Ferngläsern wird man Steinböcke (*Capra ibex nubiana*) ausmachen. Diese scheuen Tiere, die durch die Jagdpraxen, denen sie seit langen Jahren ausgesetzt sind, selten geworden sind, kommen gelegentlich zum Trinken hinunter ins Wadi.

Der Pfad führt weiter um ein paar Quellen, Zisternen und Wasserleitungen herum, die bis in Byzantinische Zeit zurückgehen.

Dann führt er zu den ersten Wohnstätten, und zur Asphaltstraße, die die Malga-Ebene kreuzt.

Die El-Karm – Ökolodge

Seit dem Jahr 2002 bietet das Schutzgebiet St. Catherine Besuchern eine außergewöhnliche Ökolodge, deren Bauten im alten nabatäischen Stil Unterkünfte für Touristen und Wanderer bieten, die im Kontakt mit der Natur leben wollen.

Blick auf die El-Karm Ökolodge

Ein paar Kilometer westlich des Katharinenklosters, im Wadi Gharba, befindet sich die faszinierende *Ökolodge El-Karm* (‚der Weingarten') - eine kleine Oase auf einer Höhe von 1.100 Metern und völlig von Bergen umgeben.

Die Ökolodge, die Teil des Schutzgebietes ist und deren Bau von der Europäischen Union finanziert wurde, kann in etwa drei Stunden zu Fuß erreicht werden, entlang der alten Route, die von den Pilgern auf ihrem Weg ins Kloster genutzt wurde, über die El-Raha Ebene, das Beduinendorf Abu Sela, Naqb Hawa (‚Durchzug des Windes'), und das Mausoleum von Scheich Awad.

El-Karm kann auch mit Geländewagen erreicht werden, auf der gut markierten Piste, die im Dorf Tarfa im Wadi Feiran beginnt. Die aus lokalen Steinen gebaute und von den Jebeleya- Beduinen geführte Ökolodge hat sechs Räume und liegt in der Nähe der Ruinen eines nabatäischen Außenpostens und einer Stätte aus der Bronzezeit.

Hauptgebäude der Ökolodge, mit Räumen für die Gäste

Trecking zum Galt el-Azraq

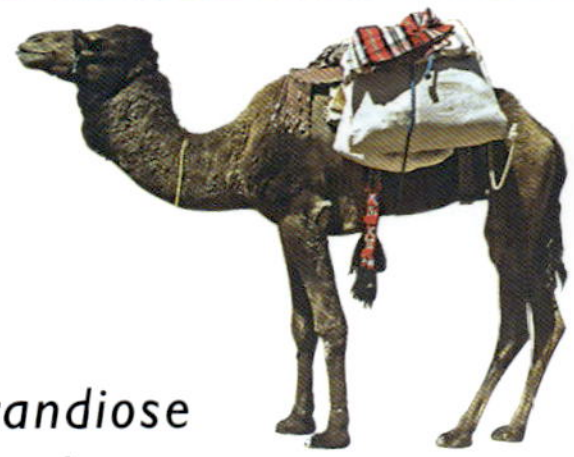

Ein zweitägiger Marsch durch die grandiose Landschaft ist mindestens nötig, um den kleinen See, der wie ein Juwel inmitten der Granitfelsen liegt, zu bewundern.

Blick auf das Wadi Jibal

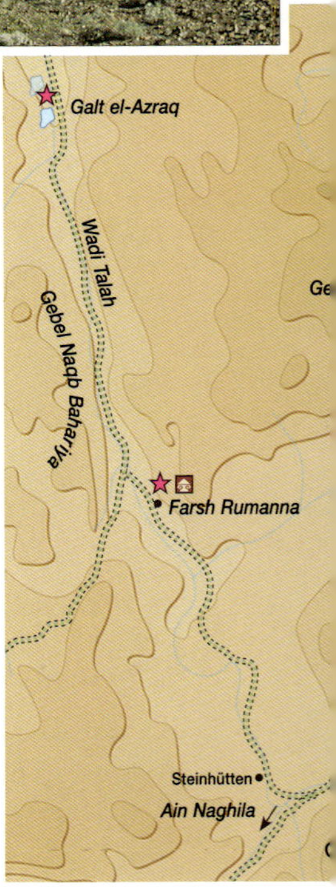

Die Exkursionen zu den Bergen westlich des Dorfes St. Catherine beginnen im *Wadi Abu Gifa*, auf einem gut markierten Pfad, der oft in den Stein gehauene Stufen aufweist und seinen Weg durch die Beduinengärten zum Abu Gifa-Pass windet.

Am Ende des Aufstiegs wird man einen Felsen namens *Hajar Abu Gifa* bemerken, und dann eine Falle aus großen Felsen, die einst zum Fang von Leoparden diente, die es heute in der Region nicht länger gibt.

Auf der rechten Seite beginnt ein Pfad, der von den Beduinen genutzt wird, um ihre Herden auf die Weide zu bringen. Er windet sich einen großen Berg hinauf, den die Einheimischen *Gebel Seru* oder *Gebel Rahab* nennen, kreuzt dann einen Pass und macht einen steilen Abstieg auf der anderen Seite des Berges. Dort liegt das Kloster Deir el-Rahab (nicht für die Öffentlichkeit zugänglich), umschlossen von einem tiefen Tal reich an Wasser, hübschen Gärten und Zypressen.

Nach dem *Abu Gifa-Pass* führt ein steiler Abstieg zum *Wadi Tubuq*. Von hier ist auf der rechten Seite die enge Öffnung des *Wadi Talah*, wo ein markierter

Die Ruinen des Palastes von Abbas Pascha auf dem Gipfel des Mt. Abbas Pascha

Pfad dem Bett des alten Stromes folgt, der sich durch enorme Granitblöcke windet und auch zum Kloster Deir el-Rahab führt.

Wenn man allerdings in südwestliche Richtung geht, entlang des Wadi Tubuq unter schönen Gärten und üppigen Granatapfel-, Apfel-, Mandel- und Olivenhainen, wird man das *Wadi Shaqq* passieren, das sich zur Linken auftut (nach etwa 1 h 20 min vom Ausgangspunkt).

Gleich nach der engen Schlucht mit Granitwänden geht das Wadi klar in west-südwestliche Richtung. Von diesem Punkt tut sich ein herrlicher Blick auf den Katharinenberg auf, der sich in all seiner Erhabenheit im Südosten erhebt.

Von hier betritt man den Südteil des *Wadi Zawatin*. Zur Rechten führ ein kurzer Pfad zu einer einfachen Steinhütte, die

Topographische Karte des Galt el-Azraq Gebiets

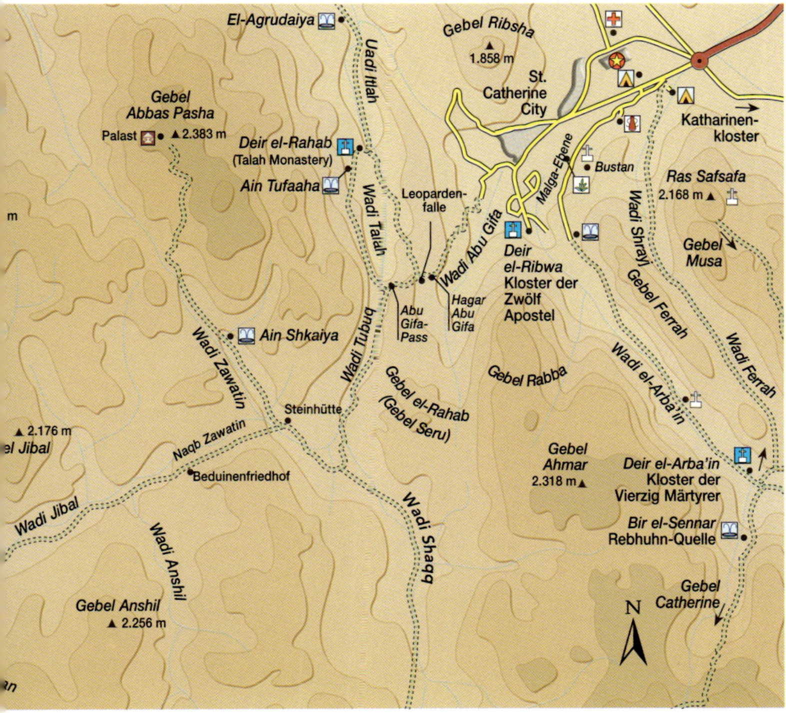

Im Wadi Jibal und im Wadi Talah gibt es viele hohe Bäume

Der schwierige Durchgang Naqb Zawatin' gibt Zugang zum Wadi Jibal

die Beduinen und Wanderer oft zum Übernachten nutzen.

Ein paar hundert Meter weiter, zur Linken, auf der Höhe einer dichten Gruppe Olivenbäume, befindet sich ein Arm des gleichen Wadi Zawatin, namens *Naqb Zawatin*. Wenn man allerdings geradeaus weitergeht, nach Nordwest, entlang des Wadi Zawatin, kommt man zum *Gebel Abbas Pascha*, auf dessen Gipfel man die Überreste eines unvollendeten Palastes erkennen kann.

Nachdem man zum Naqb Zawatin zurückgekehrt ist, passiert man zur Linken einen kleinen Beduinen-Friedhof und betritt dann das weite *Wadi Jibal*, das in südwestliche Richtung führt.

Das Bett des Wadis verengt sich dann und wird ein felsiger AbhangIm Winter fließt hier ein Bach. Zu beiden Seiten der Schlucht gibt es viele

Das Vorkommen von Wasser im Bett des Wadi begünstigt das Wachstum der Vegetation

Gärten und einige Quellen, und der Pfad umläuft eine lange Mauer, die Beduinenbesitz markiert.

Nach etwa 3.5 Stunden vom Ausgangspunkt gelangt man auf eine Höhe mit dem *Gebel Misman* mit seiner charakteristischen runden Form, die sich zur Linken erhebt. Gleich hinter dem Berg sieht man, wieder links, die schöne Quelle *Ain Naghila*.

Nun folgt man dem Pfad, der entlang des Wadi Jibal, das sich in nordwestlicher Richtung zwischen Granitfelsen mit bizarren Formen windet, absteigt. Etwas weiter befindet sich ein Dorf mit Hütten aus Trockensteinmauerwerk, in denen man übernachten kann.

Nach diesen Häusern führt der Weg am rechten Ufer des Wadis weiter, das in eine weite offene Fläche mündet, an deren Ende sich die *Farsh Rumanna* (‚Granatapfel-Ebene') befindet - ein Fußmarsch

Ein Tümpel im Wadi Jibal

In diesem enormen Granitfels gibt es einen versteckten Unterschlupf, der übernachtenden Treckern Schutz vor dem kalten Wind bietet

von ca. 5 Stunden vom Ausgangspunkt.

Von diesem herrlichen Ort mit reichlich vorhandenem Wasser kann man verschiedene Wanderungen unternehmen und unter sehr spartanischen Bedingungen in Steinhäusern übernachten, die zu diesem Zweck eingerichtet wurden.

Nach Westen, gegenüber den Häusern, gibt eine durch zwei Pfähle markierte Felsöffnung Zugang zu einer schönen Ebene, auf der einige Gräber aus der Bronzezeit neben zahlreichen Beduinengräbern aus jüngerer Zeit liegen.

Diese Ebene wird im Westen durch den *Gebel Naqb Bahariya* begrenzt, von wo man auf einem steilen Pfad absteigen kann, um zu den Ain Naghila Quellen zurückzukehren.

Dieser beginnt an der Farsh Rumanna –Ebene und führt entlang des Stromes und des *Wadi Talah*, der Verlängerung des Wadi Jibal.

Nach weniger als zwei Fußstunden gelangt man an einen herrlichen Aussichtspunkt, wo man die dunklen Umrisse des eindrucksvollen *Gebel Tarbusch* im Hintergrund sehen kann, und unterhalb zwei tiefe Becken, deren grüne Farbe im starken Kontrast zur Farbe der umliegenden Berge steht. Das untere Becken ist der berühmte *Galt el-Azraq* (‚Blauer Tümpel').

Der sehr steile Abstieg zum Bett des Baches dauert etwa 20 Minuten, dann kommt man an den kleinen Teich, wo der Bach zu einem herrlichen Wasserfall wird.

In den Sommermonaten ist es möglich, ein wundervolles und erfrischendes Bad in diesem kleinen Bergbecken zu nehmen, das nicht mehr als 7 Meter tief ist.

Runde Gräber auf dem alten Beduinenfriefhof in der Farsh Rumanna

Der kleine See, den die Beduinen Galt el-Azraq nennen ►

Die Blaue Wüste und El-Nabi Salah

Das Grab eines mysteriösen Propheten markiert den Beginn des Pfads, der zu einem einsamen Plateau führt, wo der belgische Künstler Jean Vérame die Farbe Blau verwandte, um die Granitmassen in natürliche Skulpturen zu verwandeln – mit erstaunlichen Ergebnissen.

Das Grab von El-Nabi Salah und der kleine angeschlossene Beduinen-Friedhof

Mit dem Namen ‚Blaue Wüste' wird ein Plateau bezeichnet, auf dem die Felsen durch den belgischen Künstler Jean Vérame blau angestrichen worden sind.

Zu diesem so genannten Hallawi-Plateau gelangt man, wenn man ein paar Kilometer eine Piste entlangfährt, die unweit der Kreuzung von der Straße abgeht, die zum Kloster und zum Wadi Feiran führt.

Am Beginn des Weges befindet sich das Grab von *El-Nabi Salah*, einem heiligen Mann und Propheten, der von den Beduinen verehrt wird und dessen Existenz von Legenden umwoben ist.

Vérame wurde 1936 in Belgien geboren, und nachdem er bereits Malereien an natürlichen Stätten in Frankreich und Texas ausgeführt hatte (1980 und 1981), bemalte er mit Genehmigung von Präsident Sadat (1918-1981) viele Felsmassive in diesem abgelegenen Plateau mit blauer Farbe, dem Symbol für Frieden, um das Ende des Krieges zwischen Ägypten und Israel (1978) zu feiern. Aber Blau ist vor allem die

Topographische Karte der Zone von El-Nabi Salah

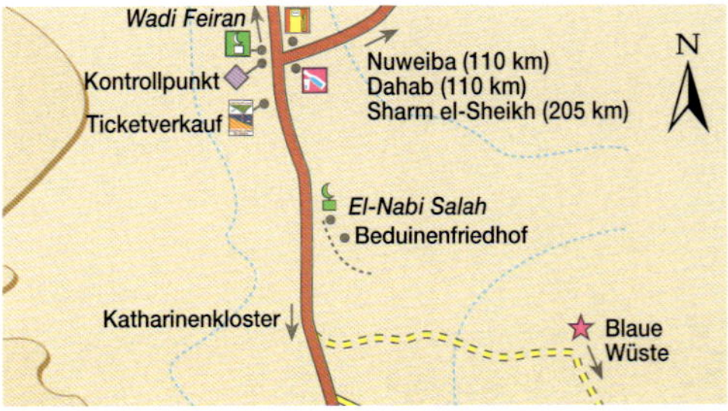

Selbstbildnis Jean Vérame

Farbe des Himmels und des Meeres, und gehört nicht zur Erde. Es in der Wüste zu finden, wo wir die Töne Gelb, Ocker und Grau gewohnt sind, ist überraschend. Die Malereien sind in zwölf Sektoren geteilt, und erstrecken sich auf einer Fläche von 80 Quadratkilometern. Obwohl diese besondere künstlerische Kreation, die gut 10 Tonnen Farbe verbraucht hat, Thema hitziger Debatten war, bleibt die "Blaue Wüste" eine einzigartige Stätte, deren unnatürliche Farbe im Kontrast zu den klassischen Wüstentönen steht. Sie verleiht den Felsen eine außerordentliche Plastizität und verwandelt sie quasi in ‚natürliche Skulpturen'.

Die bemalten Felsen wurden in gigantische Skulpturen verwandelt

Der Farbkontrast zwischen den ursprünglichen Granitfelsen und den vom Künstler bemalten

Wadi Feiran

Dieses lange Wadi mit dem größten Palmenhain des Sinai, wurde der Überlieferung zufolge von Moses und den Israeliten durchquert, um zum Berg Sinai zu gelangen. Später wurde die Route über Jahrhunderte von Pilgern und Reisenden genommen.

Gesamtansicht des riesengroßen Palmenhains im Wadi Feiran

Die klassischste Route, um die Region St. Catherine zu erreichen, ist das *Wadi Feiran*, eines der größten und bedeutendsten Täler der Halbinsel Sinai und die einzige direkte Verbindung zwischen der Küste des Golfs von Suez und St. Catherine.

Dies war die obligatorische Route für alle Pilger und Reisenden, die sich auf den Weg zum Katharinenkloster machten und wurde der Überlieferung zufolge auch von Moses und seinem Volk genommen, um den Berg Sinai zu erreichen: Feiran, ein Ortsname hebräischen Ursprunges mit der Bedeutung ‚die Gelobteste', entspricht wahrscheinlich der biblischen Gegend *Refidim*, die im Exodus (*Exodus* 17, 8–13) erwähnt wird.

Das Wadi Feiran beginnt auf der Höhe einer Straßenkreuzung an der Ostküste des Golfs von Suez, 205 Kilometer vom Ahmed Hamdy-Tunnel entfernt, der unter dem

Blick auf die archäologische Stätte von Gebel Maharrid

Suezkanal verläuft und auf den Sinai führt. Am Anfang ist das Wadi breit und sandig, aber es wird allmählich bergiger und wilder.

Zweiundzwanzigeinhalb Kilometer von der Gabelung, auf der linken Seite, beginnt die nicht markierte Piste, die ins *Wadi Mukattab* (‚Tal der Inschriften'), führt, das reich an nabatäischen, römischen und byzantinischen in den Fels geschnittenen Graffiti ist, ins *Wadi Maghara* mit seinen pharaonischen Bergwerken, und zum Tempel von *Serabit el-Khadem*, der der Göttin Hathor, der ‚Herrin der Türkise', geweiht war.

Eineinhalb Kilometer danach markiert ein Fels, auf den ‚St. Catherine Protected Area' geritzt ist, den Beginn des Schutzgebietes.

Nach ungefähr 20 Kilometern Fußmarsch markieren einige Palmen den Anfang der kleinen Oase *El-Heswa*, die die größere *Oase Feiran* im Westen begrenzt.

Kirche Deir el-Banat

Nach einigen Kilometern werden die Palmen immer zahlreicher und man gelangt an ein kleines Kloster, das dem Katharinenkloster untersteht: Das *Deir el-Banat* oder ‚Kloster der Frauen' (oder auch ‚Kloster der Sieben

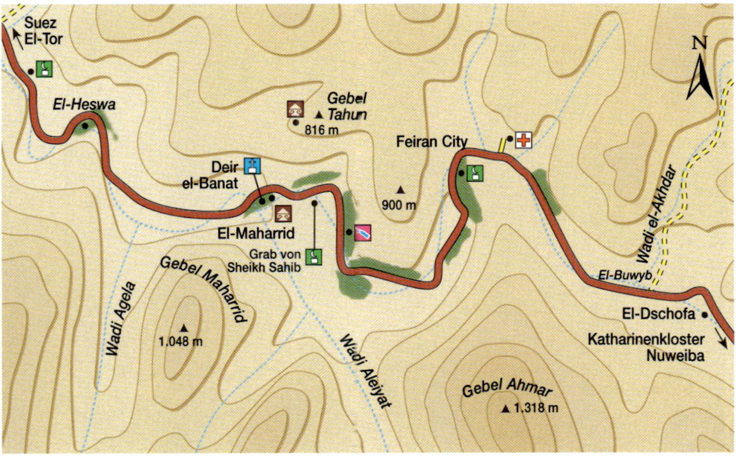

Topographische Karte des archäologischen Gebiets im Wadi Feiran

Das Grab Sheikh Sahibs

Mädchen'), da es sich um ein Nonnenkloster handelt.

In der Nachbarschaft des am Fuße des *Gebel Maharrid* gelegenen Klosters befindet sich eine archäologische Ausgrabungsstätte.

Die Grabungen, begonnen 1984 vom Deutschen Archäologischen Institut (DAI) in Zusammenarbeit mit dem Katharinenkloster und dem ägyptischen Hohen Rat für Altertümer (*SCA*), brachten viele Kirchen ans Licht, was beweist, dass Feiran eines der ältesten und wichtigsten Zentren des Christentums auf der Halbinsel Sinai war.

Auf der anderen Seite des Wadis befindet sich der *Gebel Tahun*, (,Berg der Mühle'), an dessen Abhängen sich die Ruinen einer kleinen Kirche befinden. Auf dem Gipfel, der sich über dem größten Palmenhain des Sinai erhebt, soll Moses während des bitteren Kampfes, den die von Josua angeführten Israeliten gegen die Amaleks (wahrscheinlich in der Region angesiedelte Stämme) führten, zu Gott gebetet haben (*Exodus* 17, 10–15).

Die kleine Kirche wird auch von Egeria in dem im 4. vierten Jahrhundert verfassten Bericht ihrer Reisen erwähnt. Damals hatten viele Mönche und Anachoreten in der Gegend gesiedelt, und Feiran, das in jener Zeit *Pharan* genannt wurde, war ein sehr wichtiges religiöses Zentrum gewesen.

Die befestigte Stadt *Pharan*, die einzige städtische Struktur im südlichen Sinai, besaß einst eine Kathedrale und andere Kirchen, deren Überreste nahe dem heutigen Kloster am Abhang des Gebel Maharrid liegen. Bereits im späten vierten Jahrhundert war *Pharan* Sitz eines Bischofs, der dem Patriarchen von Jerusalem unterstand. Bis zum siebten Jahrhundert hatte er auch die Autorität über das Katharinenkloster.

Im Jahre 681 wurde der Bischof von *Pharan*, der an monothelitischen Doktrinen festhielt, vom dritten Konzil von Konstantinopel offiziell seines Amtes enthoben.. Nach dieser Episode entvölkerte sich *Pharan* allmählich und verfiel dann, ohne sich noch einmal von seiner Verlassenheit zu erholen. Viele architektonische Elemente der großen Kirchen wurden für den Bau des heutigen Klosters genutzt, wo sie noch zu erkennen sind. 1994 hat Ägypten bei der UNESCO einen Antrag gestellt, das alte *Pharan* in die Welterbeliste

Die Ruinen der Kathedrale von Pharan in der Region Gebel Maharrid

*Seesedimente und eine Tamariske (*Tamarix *sp.)*

aufzunehmen.

Eineinhalb Kilometer nach dem Kloster führt die Straße an einem kleinen Beduinen- Friedhof und dem Grab von *Sheikh Sahib* vorüber, und drei Kilometer weiter markiert eine eindrucksvolle weiße Moschee den Anfang der heutigen Stadt Feiran, in der es Schulen und ein großes Krankenhaus gibt.

Die Wände des Wadis weisen Formationen von gelblicher Farbeauf. Es handelt sich dabei um Seesedimente aus dem Pleistozän - einer Zeit starker Regenfälle, die den Wasserlauf verstärkten, der, unterbrochen durch einen großen versperrenden Erdrutsch, die Bildung eines Seebeckens verursachte. Diesen Ablagerungen folgen imposante schwärzliche Erdwälle, die an der Mündung des *Wadi el-Akhdar* den helleren Gneisfels durchziehen.

Die Gneisfelsen sind metamorphen Ursprunges. Sie wurden durch Veränderungen einfacher Granite gebildet und sind mit mehr als einer Milliarde Jahren die ältesten Felsen des Sinai.

Nach dieser Kreuzung verengt sich die Straße bei *El-Buwyb*. Hier beginnt das *Wadi el-Sheikh* das als östliche Fortsetzung des Wadi Feiran betrachtet werden kann.

Nach weiteren drei Kilometern kommt man an die Moschee des Dorfes *El-Dschofa*, wo es ein umzäuntes Gebiet für den Anbau von Arzneipflanzen gibt, und nach wiederum 24 Kilometern erreicht man das Kloster von Tarfa, welches auch von Nonnen sowie Angestellten des Katharinenklosters bewohnt wird. Hier beginnt die *Oase El-Tarfa*, was auf Arabisch ‚Tamariske' bedeutet.

Gleich hinter dem Militärkontrollpunkt (*Checkpoint*) taucht zur Linken die weiße Moschee von El-Tarfa auf, der gegenüber der gut ausgeschilderte Weg zur *Ökolodge El-Karm* im Wadi Gharba führt.

Drei Kilometer weiter markiert ein großes Schild den Anfang des *Wadi Dallal*, nach dem der Weg den *Watia-Pass* überquert (85 Kilometer von der Gabelung)- eine eindrucksvolle Schlucht von einigen Hundert Metern Länge, deren hohe Granitwände an der engsten Stelle etwa 30 Meter voneinander entfernt sind. Hier befindet sich eine kleine, dem Kreuz (arabisch: *salib*) geweihte Kapelle.

Nach weiteren zwei Kilometern zeigt ein Schild den Weg zum Grab von *Sheikh Mohsen* und der umliegenden Zone an.

Dahinter befindet sich ein Militärkontrollpunkt und die Kreuzung mit der Straße, die das Katharinenkloster mit dem Golf von Aqaba und den Touristenstädten Nuweiba, Dahab und Sharm el-Sheikh verbindet.

Die Kapelle des Kreuzes am Watia-Pass

Wesentliche Bibliographie

Baddeley, O., Brunner, E., *The Monastery of Saint Catherine,* London, 1996.

Boulos, L., *Flora of Egypt*, Cairo, 1995.

Galey, J., *Sinai and the Monastery of St. Catherine*, New York, 1980.

Goodman, S.M., Meininger, P.L., *The Birds of Egypt*, Oxford, 1989.

Hoath, R., *Wild Sinai*, Cairo, 2000.

Hobbs, J., *Mount Sinai,* Austin, 1995.

Jahn, W., Jahn, R., *Sinai and the Red Sea*, Cairo, 1997.

Manafis, K.A., ed. *Sinai – Treasures of the Monastery of Saint Catherine*, Athens, 1990.

Palmer, E.H., *The Desert of Exodus: Journey on Foot in the Wilderness of the Forty Years Wandering*, Cambridge, 1871.

Roberts, D., *The Holy Land*, London, 1842–1849.

Rothenberg, B., Weyer, H., *Sinai*, Berne, 1979.

Siliotti, A., *Guida all'Esplorazione del Sinai*, Vercelli, 1994.

Siliotti, A., *Sinai*, Cairo, 2002.

Weitzmann, K., *The Icon*, London, 1982.

PHOTOGRAPHISCHE REFERENZEN

Alle in dieser Ausgabe veröffentlichten Photographien sind von Alberto Siliotti/Archivio Image Service – Geodia, mit Ausnahme der folgenden:

Arnaud Chicurel: S. 74.

Rafik Khalil & Dina Aly: S. 13 oben rechts, Mitte, unten, 15 oben rechts, Mitte, unten links und rechts.

Dimitri Orloff: S. 35 Mitte, 39, 54 oben, 55, 56 oben, 58, 59, 60, 61, 62, 63, 64, 65, 66, 67.

Archivio Image Service – Geodia: S. 15 Mitte links, 31 unten, 34, 35 oben, 36, 37, 54 unten.

ZEICHNUNGEN

Stefania Cossu: S. 14, 30, 75, zweite Umschlagseite..

Elisa Martini: S. 18, 72.

KARTHOGRAFIE

Geodia Edizioni: S. 9, 21, 24, 25, 40, 47, 48, 57, 75, 81, 84-85, 90, 93, dritte Umschlagseit.

Survey of Egypt (1928): S. 10.